|青岛国信·海天中心系列图书|

海天密码

从 -27.5 米到 369 米的智造奥秘

HAITIAN CODE
SMART CODE FROM -27.5 METERS TO 369 METERS

编 著

青岛国信发展(集团)有限责任公司
青岛国信海天中心建设有限公司
《时代建筑》杂志社

图书在版编目（CIP）数据

海天密码：从-27.5米到369米的智造奥秘 / 青岛国信发展（集团）有限责任公司，青岛国信海天中心建设有限公司，《时代建筑》杂志社编著. -- 上海：同济大学出版社, 2022.6
　ISBN 978-7-5765-0205-3

Ⅰ. ①海… Ⅱ. ①青… ②青… ③时… Ⅲ. ①建筑企业－概况－青岛 Ⅳ. ①F426.9

中国版本图书馆CIP数据核字(2022)第076876号

青岛国信·海天中心系列图书
海天密码：从 -27.5 米到 369 米的智造奥秘
HAITIAN CODE: SMART CODE FROM -27.5 METERS TO 369 METERS

编　　著	青岛国信发展（集团）有限责任公司
	青岛国信海天中心建设有限公司
	《时代建筑》杂志社
责任编辑	吕　炜　　宋　立
责任校对	徐春莲
装帧设计	完　颖　　杨　勇

出版发行	同济大学出版社　www.tongjipress.com
	（地址：上海市四平路1239号　邮编：200092　电话：021-65985622）
经　　销	全国各地新华书店
印　　刷	山东韵杰文化科技有限公司
开　　本	787mm×1092mm　1/16
印　　张	10.75
字　　数	268 000
版　　次	2022年6月第1版　2022年6月第1次印刷
书　　号	ISBN 978-7-5765-0205-3
定　　价	369.00元

本书若有印装质量问题，请向本社发行部调换　版权所有　侵权必究

"青岛国信·海天中心系列图书"组织机构及编委会组成

丛书编委会主任
王建辉

丛书编委会委员组成
邓友成　　曲立清
(以下按姓名笔画)
Helen Poon　　Kai Sheng　　Kelly Hoppen　　Leon Jakimic　　Matthew Owain Carlisle　　Rainer Burkle　　Robin Perkins

丁 叶　丁 阔　于 洋　于海平　王 宇　王希浩　王 欣　王思良　王振西　王 晔　支文军　尹 健　甘廷霞　叶庆霖
叶 鸣　田 强　田 鑫　代 杰　毕 强　吕 炜　吕美华　刘海泉　刘 静　闫 斌　祁文利　孙立海　杜向东　李永明
李奉强　李绅豪　李 栋　李 健　李 翔　李 鹏　杨 昆　杨 柳　杨 健　杨海波　杨瑞建　吴书义　邱德光　张百涛
张伟志　张志华　张劲松　张炜伦　张建阳　张 振　张 晓　张 强　张 楠　张新宏　陈永姐　陈晓欧　陈 鹏　林丰年
林忠祥　周向阳　周 增　郑 青　郑俊成　郑 潇　单增喜　赵 伟　赵 雨　赵国利　胡伟坚　姚晓光　顾建平　徐长青
徐春燕　徐 洁　栾勇鹏　郭艳清　唐 勇　唐 斌　黄志达　黄锦文　常晓宁　符国勇　康 松　梁 扬　梁智明　蒋东斌
焦明江　赖嘉骐　慈国庆　裴丽颖　樊怀玉　魏晓全　藤本俊幸

丛书编委会顾问
崔锡柱　　张德志　　张哲军　　杨 敏

《海天密码》编著机构
青岛国信发展(集团)有限责任公司　青岛国信海天中心建设有限公司　《时代建筑》杂志社

《海天密码》编辑团队
总策划　邓友成　　吕 炜
主　编　曲立清　　支文军
副主编　闫 斌　　徐 洁
顾　问　张哲军　　王 宇
研究与编写　陆跃东　　凌 琳　　黄婧琳　　宋 立　　窦静静　　吴耀伟
编撰与审核
赵 雨　　王希浩
(以下按姓名笔画)
丁晓莉　于昌兴　于 深　王国强　王秋婷　王洪涛　王鲁敏　王德杰　尹 坤　邓小骅　左道政　石长城　付建人　刘佳楠
刘建伟　刘绍玉　刘晓东　刘海泉　刘 静　祁文利　李永闯　李奉强　李 栋　李晓娟　吴希成　吴学洋　吴耀伟　宋红霞
张伟志　张宝年　张 振　张 涌　陆跃东　陈梦苇　罗之颖　周建荣　周逸珅　周 增　郑俊成　赵国利　赵 建　胡 苹
姚晓光　袁守刚　徐春燕　殷南南　高祥东　高 静　郭 尚　康 松　蒋东斌　程 曦　窦静静　魏晓全
项目统筹　陆跃东
装帧设计及制作　完 颖　　杨 勇
摄影　章鱼见筑　　仁甲看见　　傅 兴　　隋以进
协助　王自源

云端直上，傲视群雄，承载国信精神，肩负青岛的历史重托，面向城市的美好未来

——"青岛国信·海天中心系列图书"总序

在青岛这座中国唯一入选"世界最美海湾"的城市，有两处美丽而迷人的海湾——团岛湾和浮山湾。进入 21 世纪后，有两个影响青岛城市建设和发展的重大工程，就落在这两处海湾。这两大工程是由青岛国信集团投资、建设和运营的胶州湾隧道和海天中心。我有幸全程参与了这两大工程。适逢海天中心项目落成，推出"青岛国信·海天中心系列图书"，我很愿意以一个亲历者的身份，写下关于海天中心从项目定位、规划设计、施工组织到运维筹开等过程中的心路历程。

1

海天中心的前身是青岛海天大酒店。

1988 年，"海天大酒店"建成开业，成为浮山湾畔最耀眼的明珠。作为我国早期涉外酒店、山东省首家中外合资五星级酒店，她传承"老青岛"城市文化，又如"新青岛"对外开放的桥梁纽带，见证了青岛行政区划的扩容跃迁、城市面貌的日新月异，在中外宾朋和市民的脑海中留下了"海天之间一个家"的美好记忆。

在历经近二十年辉煌之后，随着时代发展，海天大酒店显露出了功能单一、设施老化、接待能力不足等疲态，已无法匹配城市价值。2008 年奥运会帆船比赛的成功举办，加速了青岛向国际化大都市迈进的步伐。面对新的时代要求，海天大酒店有心无力。

2009 年，青岛市委、市政府做出决策：通过原址拆除重建的方式，赋予海天大酒店"城市会客厅"的功能定位，全面提升青岛大型高端国际会议承接能力，提升城市核心竞争力与发展能级。

青岛国信受命承担重建任务，同时也承受了很大的社会舆论压力：拆除一座老牌的五星级酒店，有必要吗？新建一个大型综合体，能成吗？重建投资预计137亿元，而当时青岛国信的总资产才刚刚300亿元，能行吗？

海天中心不是简单的重建，而是脱胎换骨的再造：要融超5A甲级写字楼、高端奢华酒店、云上艺术中心、城市观光厅、云端钻石CLUB、海天MALL、海天公馆七大业态于一炉，建成业态复合、功能完备、独具特色、引领未来的地标式超高层城市综合体，打造"国际标准、国内一流、沿海领先"、极具"绿色、科技、人文、智能"特色的地标建筑与精品工程。海天中心将为市民带来高端的品质生活空间与全新的生活方式体验，为游客提供舒适的度假休憩场所与前沿独特的文化艺术交互区，为来自全球的入驻企业和商务人士营造聚合赋能的经济生态与创新兴业的发展环境，为青岛增添一座承载城市内涵、焕发城市活力、引领城市发展的新生力量……这将是幸福宜居城市梦想的苏醒、品牌之都的华丽蝶变、国家历史文化名城辉煌的重生。

2

宏愿如何付诸实践？这是沉甸甸的责任，背水一战的严峻考验。我们能做的，唯有知难而上，勇往直前，用激情燃烧执着，用奋斗交出答卷让历史去评判，让建筑变成文本交由读者去感触和体验。这个目标也构成了"青岛国信·海天中心系列图书"——《海天纪事》《海天密码》《海天智造》《海天印迹》的创作初衷、总体架构和基本内容。

海天中心工程肇始于 2009 年，开工于 2014 年，完成于 2021 年。这 12 年里，迎来送往，薪火相传，仅海天中心建设公司就先后有四位同志出任过董事长。作为第一任董事长和全程的亲历者，我深刻体会到正是因为每一位建设者和参与者都继往开来，全身心投入，正是因为 200 余家参建单位与我们一起目标一致，勠力同心，才铸就了新海天的辉煌。

建设过程中，大家都满怀敬畏，如履薄冰，以"小学生"的心态向国内外标杆项目学习并力求超越。国际对标日本六本木新城，国内对标上海中心，从规划设计、项目管理到工程建设、设备选型，在科学性、严谨性和宏观性上的论证，做到了"再充分也不过分"。到处拜师、学习、考察、推演，马不停蹄，从工程建设本身，到探索实施"小业主、大社会"的建设管理模式，恨不能把全世界的智慧和精华都化为己有。

正因为与世界顶级专家、机构合作，整合了各方优势资源，才最终让荟萃顶级大师智慧、凝聚优秀团队力量的"海之韵"惊艳面世。浮山湾西侧的八大关，素有"万国建筑博览会"的美名。"C 位"的海天中心则以 369 米的山东第一高，填补了青岛超高层综合体建筑的空白，以其独有的美轮美奂刷新了城市天际线。

3

艰难更显勇毅，笃行弥足珍贵。十二年磨一剑，建筑无言，品格自现。

这是一部经典建筑的大传。它用翔实的数据和文字记录了这个划时代作品的前世今生。

这是一本建设者的日记。它以工匠精神留下了一个个真实感人的故事。

这是一份时代的答卷。它为青岛这座城市乃至中国建筑行业增添了传世典范作品，是留给伟大时代、青岛人民、子孙后辈的宝贵财富与城市传奇。"由简单到复杂，由单一到复合，由低端到高端"，海天中心的蜕变与青岛国信"三个提升"的企业理念紧密契合。

这是一种卓越的追求。不仅是建设者的更是城市的追求，不仅是物质的更是精神的追求。恰如迄今为止中国最高的艺术中心——海天中心云上艺术中心赋予了这个伟大建筑以灵魂。

做出这样的决策非常不易，因为要以艺术来凸显城市品位、为青岛之巅画上点睛之笔，就意味着商业上的让步和企业收益的牺牲。

砥砺前行，有涔涔汗水、闪闪泪光。回顾这个梦想成真的过程，可谓可圈可点、精彩纷呈。

4

重塑并超越经典的压力,对每个人来说都很沉重。于我个人而言,个中的压力也具体而真实,有如手工雕琢发丝,用体温焐化坚冰。2014年的那次争论,我一直记忆犹新。当时海天中心的设计方案已定,项目基坑施工已经展开。我们以明天的视角提出要向地下拓展至6层。这意味着海天中心既是山东省第一高,又要成为山东省第一深。此时设计调整将牵涉到设计验算、审批变更、工期延长、投入增加……经过激烈的观点碰撞、辩论,最后达成了共识,项目如期如愿启动。

为实现功能最大化,做好后续超大综合体的运维,青岛国信早在三年前就开始了布局:研究人力结构,调整组织架构,组建商管公司,推动大物业整合……自持比例高达90%、为确保品质牺牲巨大的商业利益,青岛国信算的是城市大账,想的是国企担当。

今天看来,这些决策带来的综合价值不可估量,但在当初,做出这一项项决策又是何等艰难。如何以胆识去承担重压,又以智慧去避免整体性的崩塌?如何以品质赢得卓越,又避免付出更大的代价?站在明天看今天,如何以前瞻的思维来担保今后对今天的评价?还有不少具体难题需要继续研究和思考。例如关于城市梦想和文化情结的互相支撑和共生共荣、关于商业文明与传统文化的碰撞与交融,比如对于综合体文化赋能的探索、对于建设和运营两者结合的无处不在和界线的难以划分……

这里要再次感谢决策这项超级工程的市委、市政府领导。拆除城市中心经典建筑改建超大型城市综合体,彰显市委、市政府高屋建瓴的决心与魄力,也彰显青岛国信匹配城市发展战略的使命担当。至于我本人的倾情投入,则不仅源于上级的信任和国企人无可推却的使命感与责任感,更来自一个土生土长的青岛人对这座城市无条件的热爱与感恩。

5

一代人要有一代人的作为与担当,一代人要有一代人的付出与奉献。关于海天中心,我们没有一刻停止过思考。这种思考,萌芽于论证初期的情怀,躁动于规划时期的期盼,延续于建设时期的跋涉,深化于后期筹备运营的焦灼,又回味于成功后的喜悦。我们期望能在新的百年里为青岛奉献出城市标志、时代符号、精神气质，期望海天中心能引领青岛加快建成社会主义现代化国际大都市。

与笔端相比，我们更看重建筑本身；与形象相比，我们更看重功能；与成功相比，我们更关注使命。面向未来高质量发展的新时代，围绕城市功能完善、品质提升与可持续发展，青岛国信将一如既往地发挥城市专业投资运营优势，为城市环境质量、人民生活质量和城市竞争力的提升，发挥更大的示范引领价值。

这篇总序，写于2021年6月1日深夜。不知不觉中东方既白。隔窗远眺，万千雪浪奔涌，却如和风细雨，润物无声。

"海到无边天作岸，山登绝顶我为峰"。华丽的海天中心，以高出市区内最高山峰一米的新高度直插云天。海天之间，矗立在朝霞里的海天中心像一夜长大的少年。在追逐梦想的道路上，我们将一如既往、行稳致远。

恰逢6月2日青岛解放纪念日。谨以此书，致敬每一位脚踏实地、执着追梦的战友伙伴和大国工匠。谨以此书，致敬这个开放现代活力时尚的天赐湾城。谨以此书，礼赞成就这个超级工程的伟大时代，献礼中国共产党百年华诞！

青岛国信发展（集团）有限责任公司
党委书记、董事长 王建辉

写于2021年6月1日深夜

海到无边天作岸

——"青岛国信·海天中心系列图书"总序

在青岛这座中国唯一入选"世界最美海湾"的城市，有两处美丽而迷人的海湾——团岛湾和浮山湾。进入 21 世纪后，有两个影响青岛城市建设和发展的重大工程，就落在这两处海湾。这两大工程是由青岛国信集团投资、建设和运营的胶州湾隧道和海天中心。我有幸全程参与了这两大工程。适逢海天中心项目落成，推出"青岛国信·海天中心系列图书"，我很愿意以一个亲历者的身份，写下关于海天中心从项目定位、规划设计、施工组织到运维筹开等过程中的心路历程。

1

海天中心的前身是青岛海天大酒店。

1988 年，"海天大酒店"建成开业，成为浮山湾畔最耀眼的明珠。作为我国早期涉外酒店、山东省首家中外合资五星级酒店，她传承"老青岛"城市文化，又如"新青岛"对外开放的桥梁纽带，见证了青岛行政区划的扩容跃迁、城市面貌的日新月异，在中外宾朋和市民的脑海中留下了"海天之间一个家"的美好记忆。

在历经近二十年辉煌之后，随着时代发展，海天大酒店显露出了功能单一、设施老化、接待能力不足等疲态，已无法匹配城市价值。2008 年奥运会帆船比赛的成功举办，加速了青岛向国际化大都市迈进的步伐。面对新的时代要求，海天大酒店有心无力。

2009 年，青岛市委、市政府做出决策：通过原址拆除重建的方式，赋予海天大酒店"城市会客厅"的功能定位，全面提升青岛大型高端国际会议承接能力，提升城市核心竞争力与发展能级。

青岛国信受命承担重建任务，同时也承受了很大的社会舆论压力：拆除一座老牌的五星级酒店，有必要吗？新建一个大型综合体，能成吗？重建投资预计137亿元，而当时青岛国信的总资产才刚刚300亿元，能行吗？

海天中心不是简单的重建，而是脱胎换骨的再造：要融超5A甲级写字楼、高端奢华酒店、云上艺术中心、城市观光厅、云端钻石CLUB、海天MALL、海天公馆七大业态于一炉，建成业态复合、功能完备、独具特色、引领未来的地标式超高层城市综合体，打造"国际标准、国内一流、沿海领先"、极具"绿色、科技、人文、智能"特色的地标建筑与精品工程。海天中心将为市民带来高端的品质生活空间与全新的生活方式体验，为游客提供舒适的度假休憩场所与前沿独特的文化艺术交互区，为来自全球的入驻企业和商务人士营造聚合赋能的经济生态与创新兴业的发展环境，为青岛增添一座承载城市内涵、焕发城市活力、引领城市发展的新生力量……这将是幸福宜居城市梦想的苏醒、品牌之都的华丽蝶变、国家历史文化名城辉煌的重生。

2

宏愿如何付诸实践？这是沉甸甸的责任，背水一战的严峻考验。我们能做的，唯有知难而上，勇往直前，用激情燃烧执着，用奋斗交出答卷让历史去评判，让建筑变成文本交由读者去感触和体验。这个目标也构成了"青岛国信·海天中心系列图书"——《海天纪事》《海天密码》《海天智造》《海天印迹》的创作初衷、总体架构和基本内容。

海天中心工程肇始于2000年，开工于2014年，完成于2021年。这12年里，迎来送往，薪火相传，仅海天中心建设公司就先后有四位同志出任过董事长。作为第一任董事长和全程的亲历者，我深刻体会到正是因为每一位建设者和参与者都继往开来，全身心投入，正是因为200余家参建单位与我们一起目标一致，勠力同心，才铸就了新海天的辉煌。

建设过程中，大家都满怀敬畏，如履薄冰，以"小学生"的心态向国内外标杆项目学习并力求超越。国际对标日本六本木新城，国内对标上海中心，从规划设计、项目管理到工程建设、设备选型，在科学性、严谨性和宏观性上的论证，做到了"再充分也不过分"。到处拜师、学习、考察、推演，马不停蹄，从工程建设本身，到探索实施"小业主、大社会"的建设管理模式，恨不能把全世界的智慧和精华都化为己有。

正因为与世界顶级专家、机构合作，整合了各方优势资源，才最终让荟萃顶级大师智慧、凝聚优秀团队力量的"海之韵"惊艳面世。浮山湾西侧的八大关，素有"万国建筑博览会"的美名。"C位"的海天中心则以369米的山东第一高，填补了青岛超高层综合体建筑的空白，以其独有的美轮美奂刷新了城市天际线。

3

艰难更显勇毅，笃行弥足珍贵。十二年磨一剑，建筑无言，品格自现。

这是一部经典建筑的大传。它用翔实的数据和文字记录了这个划时代作品的前世今生。

这是一本建设者的日记。它以工匠精神留下了一个个真实感人的故事。

这是一份时代的答卷。它为青岛这座城市乃至中国建筑行业增添了传世典范作品，是留给伟大时代、青岛人民、子孙后辈的宝贵财富与城市传奇。"由简单到复杂，由单一到复合，由低端到高端"，海天中心的蜕变与青岛国信"三个提升"的企业理念紧密契合。

这是一种卓越的追求。不仅是建设者的更是城市的追求，不仅是物质的更是精神的追求。恰如迄今为止中国最高的艺术中心——海天中心云上艺术中心赋予了这个伟大建筑以灵魂。

做出这样的决策非常不易，因为要以艺术来凸显城市品位、为青岛之巅画上点睛之笔，就意味着商业上的让步和企业收益的牺牲。

砥砺前行，有涔涔汗水、闪闪泪光。回顾这个梦想成真的过程，可谓可圈可点、精彩纷呈。

4

重塑并超越经典的压力，对每个人来说都很沉重。于我个人而言，个中的压力也具体而真实，有如手工雕琢发丝，用体温焐化坚冰。2014 年的那次争论，我一直记忆犹新。当时海天中心的设计方案已定，项目基坑施工已经展开。我们以明天的视角提出要向地下拓展至 6 层。这意味着海天中心既是山东省第一高，又要成为山东省第一深。此时设计调整将牵涉到设计验算、审批变更、工期延长、投入增加……经过激烈的观点碰撞、辩论，最后达成了共识，项目如期如愿启动。

为实现功能最大化，做好后续超大综合体的运维，青岛国信早在三年前就开始了布局：研究人力结构，调整组织架构，组建商管公司，推动大物业整合……自持比例高达 90%、为确保品质牺牲巨大的商业利益，青岛国信算的是城市大账，想的是国企担当。

今天看来，这些决策带来的综合价值不可估量，但在当初，做出这一项项决策又是何等艰难。如何以胆识去承担重压，又以智慧去避免整体性的崩塌？如何以品质赢得卓越，又避免付出更大的代价？站在明天看今天，如何以前瞻的思维来担保今后对今天的评价？还有不少具体难题需要继续研究和思考。例如关于城市梦想和文化情结的互相支撑和共生共荣、关于商业文明与传统文化的碰撞与交融，比如对于综合体文化赋能的探索、对于建设和运营两者结合的无处不在和界线的难以划分……

这里要再次感谢决策这项超级工程的市委、市政府领导。拆除城市中心经典建筑改建超大型城市综合体，彰显市委、市政府高屋建瓴的决心与魄力，也彰显青岛国信匹配城市发展战略的使命担当。至于我本人的倾情投入，则不仅源于上级的信任和国企人无可推却的使命感与责任感，更来自一个土生土长的青岛人对这座城市无条件的热爱与感恩。

5

一代人要有一代人的作为与担当，一代人要有一代人的付出与奉献。关于海天中心，我们没有一刻停止过思考。这种思考，萌芽于论证初期的情怀，躁动于规划时期的期盼，延续于建设时期的跋涉，深化于后期筹备运营的焦灼，又回味于成功后的喜悦。我们期望能在新的百年里为青岛奉献出城市标志、时代符号、精神气质，期望海天中心能引领青岛加快建成社会主义现代化国际大都市。

与笔端相比，我们更看重建筑本身；与形象相比，我们更看重功能；与成功相比，我们更关注使命。面向未来高质量发展的新时代，围绕城市功能完善、品质提升与可持续发展，青岛国信将一如既往地发挥城市专业投资运营优势，为城市环境质量、人民生活质量和城市竞争力的提升，发挥更大的示范引领价值。

这篇总序，写于2021年6月1日深夜。不知不觉中东方既白。隔窗远眺，万千雪浪奔涌，却如和风细雨，润物无声。

"海到无边天作岸，山登绝顶我为峰"。华丽的海天中心，以高出市区内最高山峰一米的新高度直插云天。海天之间，矗立在朝霞里的海天中心像一夜长大的少年。在追逐梦想的道路上，我们将一如既往、行稳致远。

恰逢6月2日青岛解放纪念日。谨以此书，致敬每一位脚踏实地、执着追梦的战友伙伴和大国工匠。谨以此书，致敬这个开放现代活力时尚的天赐湾城。谨以此书，礼赞成就这个超级工程的伟大时代，献礼中国共产党百年华诞！

青岛国信发展（集团）有限责任公司
党委书记、董事长 王建辉

写于2021年6月1日深夜

海天中心以崭新姿态谱写青岛新的城市史

前 言

过去的十余年，超高层建筑在中国大城市如雨后春笋般地拔地而起，它们彰显着城市的实力，寄托着城市的梦想。据世界高层建筑与都市人居学会（CTBUH）的统计，全球超过一半的超高层建筑诞生在中国。然而，即使放在当代中国超高层城市综合体的谱系中，青岛海天中心也无疑是独特的。

这份独特首先在于其时空位置。海天中心坐落在青岛市中心的浮山湾畔，西接"八大关"，东引行政中心，面向奥帆中心和无垠的大海，这些名词几乎可串起游人对青岛的全部想象。海天中心的前身，是1988年开业的青岛海天大酒店，即人们口中的"老海天"，作为山东省第一家涉外星级酒店，在改革开放时代扮演着连接青岛与世界的桥梁，也承载了一代青岛人共同的记忆。无论从真实的时空，或象征的意味来看，海天中心都站在历史和未来的交汇处，而它也用独特的语汇回应了传承与创新的命题。

尽管多元与综合早已成为超高层建筑的发展趋势，海天中心业态之丰富也令人叹为观止。三栋塔楼内紧凑地整合了酒店、办公、商业、居住、观光、文旅等功能板块，每一座塔楼都包含至少两组功能的竖向叠加，是一座名副其实的"垂直城市"与"剖面城市"。超高层建筑挑战着建造技术的极限，荟萃了当代最高超的工程技艺，更何况是三栋超高层塔楼呢？它们同步建设、同步开幕，无论是从设计整合、施工技术，还是运营管理的角度来看，都是极大的挑战与成就。

在一般人的认知中，摩天大楼是高能耗的，而海天中心一举获得LEED铂金级和中国绿色建筑评价标准三星级两项最高级别的认证。不仅如此，海天的绿色之路伴随着《绿色建筑评价标准》（GB/T 50378—2019）的编制、论证与出台，是中国超高层绿色建筑的探路者和里程碑。

本书通过"走近海天""设计理念""建造追问""智慧运维"四个篇章，带领读者由浅至深、从远到近，层层解密这座超级城市综合体是如何设计，如何建造，又是如何运转的。"走近海天"篇介绍了海天中心的由来与概貌，讲述了读者前往海天中心时，有哪些不可错过的"打卡点"。"设计理念"篇在包罗万象的设计范畴中选取了海天中心如何在紧凑的场地中布局，如何连接城市路网，如何安顿复杂的业态，如何应对多变的气候，电梯如何设计，花草树木背后藏着什么秘密……它们当中蕴含了当今环境设计的趋势和反思。超高层城市综合体的建造可谓建筑工程领域最前沿科技的集大成者，"建造追问"篇按照时间先后的顺序，向读者再现了万丈高楼拔地起的过程，从老楼爆破、基坑开挖，到混凝土基础浇筑、高空泵送、复杂钢结构的搭接、千余种规格幕墙的安装、超大空间室内装饰的匠心巧思……如果把建筑物比作人体，前三篇讲述了海天中心的外貌体态与骨骼肌肤，那么第四篇"智慧运维"则揭开了海天中心神经系统和循环代谢的奥秘：垂直城市的运转需要哪些能源，它们如何生产、输送、处理和回收？作为中国第一座斩获新国标下绿建三星和 LEED 铂金双重认证的超高层建筑，海天中心究竟"绿"在哪里？智能楼宇管理系统如何契合各个业态，在不知不觉中改善当代日常生活？全书通过近 60 个"密码"解读海天中心在设计、建造和运维中的亮点，讲述"绿色、科技、人文、智能"的海天故事。

在写作方式上，本书撷取海天中心独具特色的亮点，拆分成易于消化的科普短文，并且从中提炼出一个数字"密码"作为标题。这些数字中有高度、长度、面积、体积、时间……而无一例外，它们是海天中心最具技术含金量的智造奥秘。每个"密码"浓缩为不超过千字的短篇，辅以图像说明。密码未能道尽之处，通过"延伸阅读"板块加以补充，这符合一般人的求知习惯，也为文本阅读增添些许趣味。

希望这本小书，能轻松地带领读者一窥海天中心的工程奥秘。

落日余晖撒向海天中心，开启城市夜色

目录

006 | 海到无边天作岸——"青岛国信·海天中心系列图书"总序

012 | 前言

1 走近海天

022 | **369** 米城市地标致敬青岛之巅

024 | 逐层错动的 **6** 边形塔楼协奏"海之韵"

026 | **49** 万平方米的城市综合体

028 | 延伸阅读：城市综合体

030 | **38** 级连通城市与海

032 | 始于 **1988** 年的青岛记忆

034 | 云上超 **5** 星奢华体验

036 | **12** 万平方米海景办公

038 | **219** 套"可以居住的艺术品"

040 | **331** 米高的全玻璃凌空观景平台

042 | 延伸阅读："玻璃盒子"的性能试验

044 | 坐落在 **80** 层的美术馆

046 | **140** 片变色天幕下的星空俱乐部

048 | 四通八达的"第 **3** 空间"

050 | **1 200** 万粒光源编码城市灯光秀

052 | **2 500** 余件作品打造艺术殿堂

054 | **1 189** 片水晶玻璃绽放花海

056 | **21** 米长的山海画卷

058 | **380** 颗律动水滴

2 设计理念

062	|	合理布局 **7** 大业态
064	|	**4** 个出入口衔接城市路网
066	|	**-27.5** 米的地下室扩容城市基础空间
068	|	**5** 道伸臂桁架的加强层托起瘦高巨人
070	|	延伸阅读：风洞试验
072	|	世界第 **1** 组对置式异形调谐液体阻尼器
074	|	延伸阅读：阻尼器小历史
076	|	**11** 个避难层架起生命绿洲
078	|	**9 546** 樘层叠式幕墙卷起千层浪
080	|	**44** 个折向窗让所有房间都看见海
082	|	幕墙"呼吸"的 **3** 种方式
084	|	延伸阅读：烟囱效应
086	|	**35** 种玻璃的应用博物馆
088	|	延伸阅读：幕墙四性试验
090	|	**107** 部电梯编织垂直交通网络
092	|	等候时间≤**35** 秒的超级双轿厢穿梭电梯
094	|	BIM 技术建造 **3D** 数字大厦

3 建造追问

098 | 凌晨 5 时作别老海天

100 | 24 小时不间断自动化监测

102 | 80 万立方米土石方外运

104 | 每小时 100 立方米浇筑海天速度

106 | 延伸阅读：跳仓法

108 | 45 分钟爬升一层的扭动立面爬架体系

110 | 700 平方米的"空中航母"

112 | 混凝土泵上 357 米高空

114 | 延伸阅读：混凝土小故事

116 | 撑起 1100 吨钢骨巨伞

118 | 600 余吨一体成型铸钢节点

120 | 附着式电动升降平台雕刻 72 米垂直"沙滩"

122 | 70 项声学标准缔造五星级静音体验

124 | 带宽 180 千赫兹的智慧建造云平台

126 | 1462 天一座垂直城市初具雏形

4 智慧运维

130 | 绿色建筑 2 重认证

132 | 延伸阅读:"双碳"目标

134 | 每平方米能耗 ≤2.2 瓦的泛光照明

136 | 50% 智能照明节能

138 | 大物业智联 6 大业态

140 | 25 万个神经末梢链接智慧大脑

142 | 用户 0 察觉的智慧楼宇体验

144 | 冰蓄冷空调削峰填谷节约 27% 电费

146 | 0 摩擦、高能效的磁悬浮中央空调

148 | 热回收减排 420 吨二氧化碳

150 | 隐藏在花园中的 600 立方米雨水调蓄池

152 | 中水回收再生 8 万立方米水量

154 | 智慧管理 2 317 个停车位

156 | 7 位"蜘蛛侠"维持幕墙清洁

160 | 附录一　海天中心工程大事记

166 | 附录二　参建企业名录

走近海天

从空中俯瞰青岛的黄金海岸，浮山湾畔一组崭新的摩天大楼横空出世，旋转升腾的流线造型刷新了城市的高度。2021年建成开业的"海天中心"是一组拥有七大业态的超级城市综合体——这里有青岛老牌五星级海天大酒店和超五星青岛瑞吉酒店、全海景商业中心海天MALL、超5A甲级写字楼、海天公馆、云上艺术中心、城市观光厅和云端钻石CLUB，让访客在海天之间领略自然的浩瀚壮观和城市的繁华活力。

369 米

6 边形

49 万平方米

38 级

始于 1988 年

超 5 星

12 万平方米

219 套

331 米

80 层

140 片

第 3 空间

1200 万粒

2500 余件

1189 片

21 米

380 颗

369 米城市地标致敬青岛之巅

> 369 米是海天中心中塔楼的物理高度，亦是海天中心建筑组群，乃至目前青岛市内最高的城市地标高度。"建筑高度的背后，是一个城市的梦想。"海天中心比青岛市区最高峰浮山主峰还要高，意寓"山高人为峰"。

从黄海向西北望过去，浮山湾畔的天际线变化日渐更新着青岛的样貌，在昔日的各色建筑群中，如今矗立起鳞次栉比的摩天楼群。其中最高的一座塔尖在云层上方若隐若现，它就是 369 米的青岛国信海天中心。

青岛是沿着海湾生长发展起来的城市，主城南部是延绵不绝的海岸线，由一座座伸入黄海的岬角和它们围塑的海湾组成，天海相接，风光旖旎。海天中心所在的浮山湾曾入选"世界最美海湾"，它的东面不远处便是行政中心与五四广场，西边与著名的八大关相接，东南部的青岛奥帆中心是 2008 年北京奥运会帆船比赛举办地，自然风光、历史底蕴和城市发展在这里交汇。

在一轮轮城市更新的浪潮中，浮山湾借天时地利逐渐发展成为青岛市核心商务区，引领着城市发展转型与产业能级提升。越来越多的商务楼宇在前海一线崛起，不断改变着城市天际线：凯悦中心 170 米，海航万邦中心 232.5 米，中铁青岛中心 237.7 米，华润中心 247.5 米……这些摩天大楼在建成之日都曾经代表过"青岛高度"，而这个高度在 2020 年被海天中心再度刷新。海天中心由青岛国信集团投资建设，是集酒店、办公、会议、商务、公寓、观光、文娱等业态于一身的城市综合体，总投资约计 137 亿元，包含三座超高层塔楼，

↓
坐落于浮山湾畔的青岛海天中心，以369米的高度重新定义城市天际线。

位于中央的主塔楼以369米问鼎青岛"第一高"。2020年6月，世界高层建筑与都市人居学会（CTBUH）授予海天中心"中国山东省最高建筑"认证。

369这个数字背后隐含着什么寓意呢？原来，青岛市区最高峰——浮山主峰海拔368米（浮山湾即得名于浮山），海天中心主塔的高度比浮山主峰高出1米，这个数字象征"山高人为峰"，寄托着城市未来的壮志宏图。

这就是摩天大楼的精神力量和地标建筑的永恒魅力吧！

逐层错动的 6 边形塔楼协奏"海之韵"

> 海天中心建造于（老）海天大酒店原址，为了传承与呼应"老海天"的现代建筑语汇，海天中心继承了原址 3 栋塔楼与六边形平面布局要素，并用新的建筑设计手法予以诠释。

海天中心的前身，是青岛曾经家喻户晓的（老）海天大酒店，市民都亲切地称它为"老海天"。

老海天开业于 1988 年，改革开放的浪潮彼时正在重塑青岛人的观念与生活。作为山东省最老牌的涉外五星级酒店之一，老海天曾经服务过无数外事接待与跨境商旅，是连接青岛与世界的窗口。一期建筑由历史悠久的香港建筑事务所巴马丹拿设计，平面布局呈六边形，建筑短边面海，而凸窗设计让所有客房均可拥有海景。新颖利落的建筑造型，灰白相间的"海军衫"外立面，豪华新奇的空间设施，细致周到的服务品质，曾让无数人透过"老海天"品牌体验到高品质现代生活的细节和温度。

因此，当老海天大酒店因设施陈旧无法满足新时代需求，面临拆

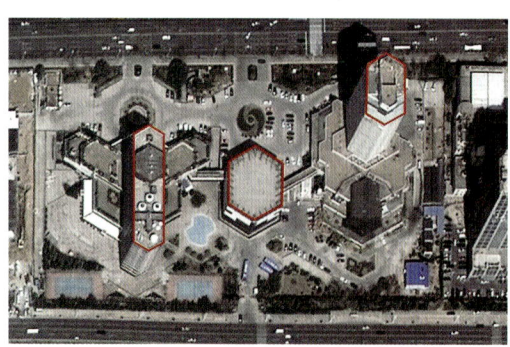

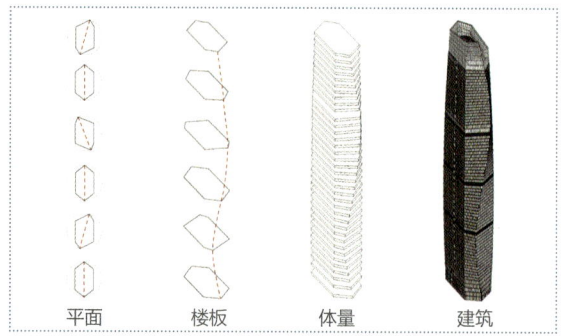

平面　楼板　体量　建筑

↑
建筑师手稿。

←
海天中心创新地传承了老海天的经典造型语言。

除改造之际,许多青岛市民表达了不舍与挽留,对老海天的纪念也被写入重建项目的任务书当中。

  崛起于老海天原址的海天中心,继承了老海天"海军衫"的神韵、六边形平面的整体布局,为背后的城市留出了"看海"的通道。塔楼六边形平面的南北两个端点自下而上逐层摆动,形成三道飘逸的曲线向天空伸展。三座塔楼高低错落,宛如海浪的韵律,西塔楼、东塔楼的"小浪"与中塔楼的"大浪"相映成趣,意寓沧浪三涌。建筑表面的层叠式单元幕墙和折叠带型窗,用现代手法和幕墙技术致敬老海天的经典窗型,层层交错的肌理使人联想起海面的水纹,演绎"海之韵"的主题。主塔楼的塔冠是地标建筑的点睛之笔,三个全玻璃观光平台轻盈地悬浮在高空,玻璃穹顶像一颗明珠熠熠生辉……这些别具匠心的手法使海天中心不同于造型冷酷、千篇一律的超高层建筑,它积极地回应、演绎着当地文脉,以独特的形象耸立在海天之间,传承城市记忆,继续讲述浮山湾的故事。老青岛人形象地将其描绘为湛山寺前浮香飘绕的三炷香,以建筑为香、云雾为烟。

49 万平方米的城市综合体

> 49 万平方米的海天中心，极大地扩容了原址上的（老）海天大酒店。它容纳了更为丰富的业态，集酒店、办公、文旅、商业、居住等功能于一身，是一座焕发着 24 小时不间断活力的超级城市综合体。

海天中心的开发规模达 493 688 平方米，不仅继承并提升了老海天大酒店的全部功能，还拓展了青岛瑞吉酒店、超 5A 甲级写字楼、海天 MALL、海天公馆、城市观光厅、云上艺术中心、云端钻石 CLUB 七大业态，涉及酒店、办公、会议、商业、文旅、住宅等形式，成为一座名副其实的城市综合体，内容之丰富在国内首屈一指。"七

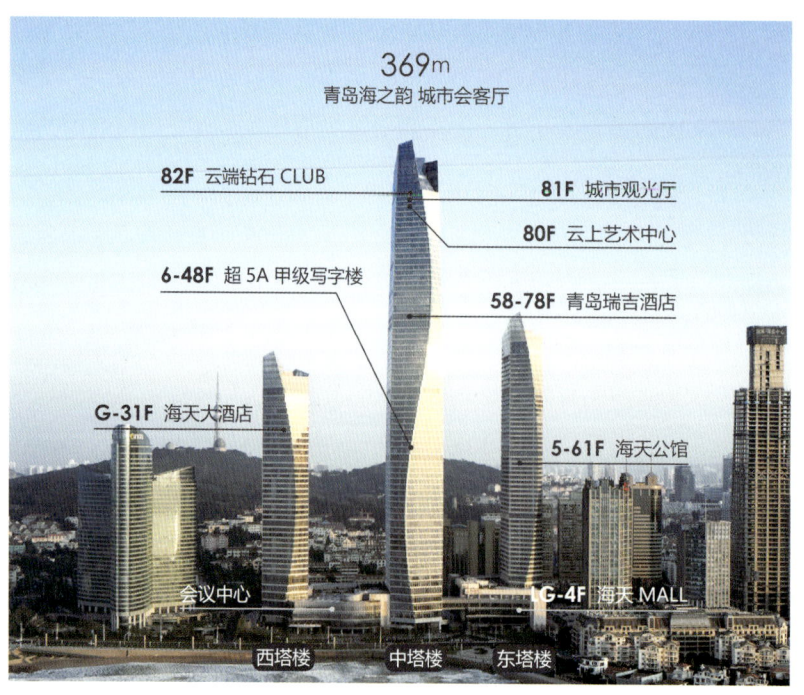

↑
七大业态协同发展，使海天中心具有24小时不间断的活力。

←
业态分布示意图。

大业态"从何而来？它们之间又有什么关联呢？

时光倒回至2009年，老海天的升级改造提上了议事日程，这块"金字招牌"的变身牵动着各界的关心。市政府提出功能最大化的目标：突出商务会议、度假旅游、零售空间、写字楼、酒店式公寓和大型高端会议功能，再造一座青岛市标志性建筑和具有全国影响力的酒店。

以海天大酒店升级为起点，海天中心引进了豪华五星级国际酒店形成双酒店格局。海天大酒店作为本地知名品牌，升级后能更好地服务国内需求；青岛瑞吉酒店面向全球市场，吸引海内外宾客。围绕两大酒店核心功能，海天中心借鉴全球城市综合体开发经验，进一步衍生出甲级写字楼、住宅、观光、商业等业态——超5A甲级写字楼筑巢引凤，提升CBD营商环境；海天公馆开拓高端住宅市场；观光板块充分发掘高度及区位优势，积极引入艺术中心、钻石俱乐部等特色空间，打造文旅高地；海天MALL促进城市综合体的日常消费，并源源不断地吸引人气。各业态相对独立，协同发展，有机地组成一座"垂直城市"，24小时不间断地焕发都市活力。

延伸阅读

城市综合体

　　城市综合体是近年来炙手可热的建筑类型，顾名思义，它是一种复合业态的建筑，往往结合了商业零售、商务办公、休闲娱乐、会展、酒店、公寓住宅中的若干种功能，按一定的比例，在同一宗土地中协同开发。有些功能组合属于"老搭档"，如办公与商业、酒店与会展，它们因为使用上的高度关联而经常被设置在一起。不少新兴的城市综合体往往和城市轨道交通合作开发，动线上无缝衔接，从地铁站、交通枢纽就能直抵建筑内部，大大缩短了花费在交通上的时间。城市综合体基本具备了现代城市的全部功能，所以也被称为"城中之城"。

　　城市综合体何以流行？

　　显而易见，城市综合体具有集约利用土地、缩短交通距离、提高工作效率等优点，从而能充分发挥投资效益，在城市更新、城市副中心开发、交通枢纽建设等场景中都非常受欢迎。无论从开发者或是城市管理的角度，超高层建筑开发最害怕的一个词就是"空置率"。城市综合体的开发思路有效地规避了单一业态的运营风险，各业态互相扶持，得以较快形成有机的社区环境，有利于长期的可持续运营，激发城区活力。

　　说起城市综合体，大家都会想到世界各地著名的地标大厦，如吉隆坡双子塔、台北 101 大厦等，其中，最享有盛名的经典案例当数东京"六本木新城"了。现代高层建筑起源于 19 世纪末 20 世纪初的美国，城市综合体却是 21 世纪高密度东亚大都会的独特产物。当人口聚集、用地紧张到一定程度，在城市的核心区域就出现了这样高度复合的物业形态。六本木新城占地约 11 公顷，建筑面积约 76 万平方米，是日本规模最大的都市更新计划之一。它以"文化都心"为建设理念，集写字楼、住宅、商业设施、文化设施、酒店、影城、电视台等为一体，是具有"居住、工作、游玩、休闲、学习、创造"等多功能的复合型城区。六本木新城的缔造者森大厦提出了"垂直花园城市"的建设理念，整合东京都零碎的土地，通过超高层塔楼和地下空间的立体使用，有效完善铁路和公路等城市基础设施，将丰富多彩的城市功能有机结合为一体，创建丰富的开放空间，形成集约型城市。同时，高密度、高效率地使用土地也有助于减少碳排放、创建环保型城市。六本木新城的再开发计划重新梳理整合了两条地铁线、地面主干道，为行人提供了舒适便利的步行空间，大范围改善了地区交通。位于第53层的"森美术馆"也因其独特的高空风景和运营理念成为著名的文化地标，建成以来引来大量慕名者竞相造访。

由于功能的高度复合叠加，设计一座城市综合体远比设计单一业态的建筑难度更大，周期更长，需要调度的资源更多。前期需要对未来十年至二十年的城市发展前景做出较为精准的预判，需要与城市各职能部门协调，以便更好地融入城市发展并强化城市功能。各个业态板块的运营者往往需要在前期策划与设计阶段就介入讨论和决策，提出规格标准、使用需求和未来愿景。由于行业的精细化分工，通常会有多家机构参与项目，因此需要清晰的管理模式与界面划分，促成专家之间高效的合作。

毫不夸张地说，城市综合体既是城市繁荣发展的产物，也是度量城市文明的标尺。

38 级连通城市与海

> 海天中心在极为紧张的建设用地中,保留了一条南北贯通的城市景观走廊,用 38 级大台阶衔接道路高差,也衔接起城市与海。

海是青岛这座城市最具标志性的风景,也是来到青岛的人们——无论工作、生活或旅行——最愿意亲近的地方。早在最初的概念性规划设计方案征集阶段,来自世界各地的建筑师们就不约而同地提出连通城市与滨海的各种畅想。

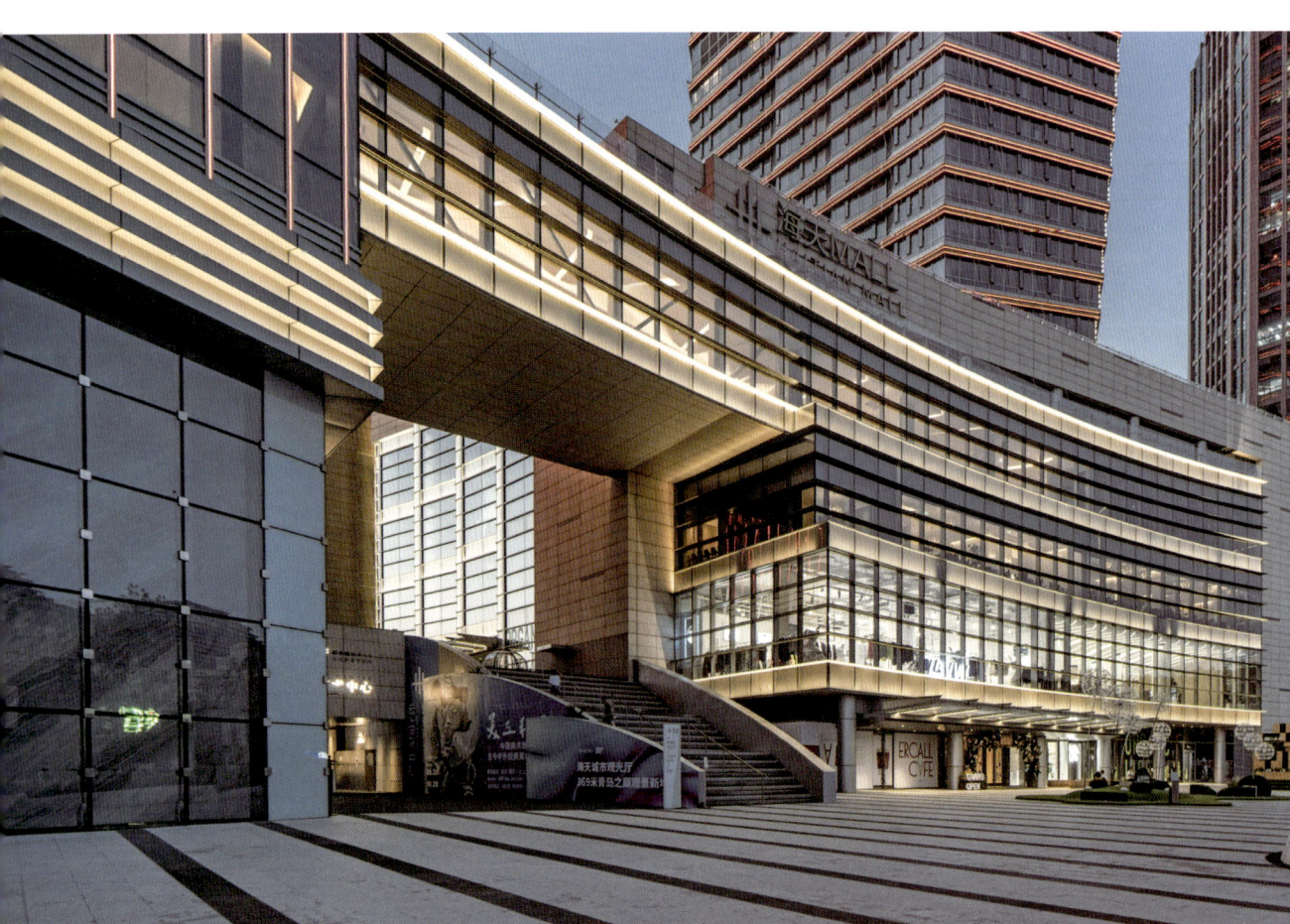

尽管用地紧张、功能繁多、地形复杂，海天中心在设计深化与推敲中始终保留了透海看山的"初心"，从而在中塔楼和东塔楼之间创造出一条宽阔的露天景观通廊。沿着这条通廊，可以从城市主干道香港西路一直走到滨海景观大道东海西路。通廊衔接起城市与自然、繁忙与安逸、喧嚣与宁静。通廊的出现，不仅塑造"透过景框看见大海"的独特视角，也将地块划分成更宜人的街区尺度。在高高在上的摩天大楼之间巧妙设置了亲近市民的口袋公园，一条∞字形的洄游动线串起七大业态，通过平台、广场等元素，为城市中的步行者增添了游憩的趣味。

沿着这条通廊，从北到南依次布置着超 5A 甲级写字楼主入口、海天 MALL 入口、城市观光厅及云上艺术中心的入口。通勤的白领、逛街的市民、赶海的游客在此相会，来来往往的人群把这里化作热闹的舞台。由于动线便利，视野壮美，景观通廊被视作海天中心的主广场和"中轴线"，尽管这组建筑的总体布局其实并不对称。

在景观通廊的端头，38 级宽阔的大台阶衔接起南北两条城市道路 5.7 米的高差。台阶两侧扶手的造型是三道柔和的弧线，呼应建筑造型，好似海面波浪起伏、帆影流转。入夜之后，灯光从扶手景墙的金属冲孔表皮内透出，并利用智能编程灯光和动态感应装置，在行人通过或驻足时产生不同光影效果，带来互动的乐趣。

↗
景观通廊设计师手稿。

←
景观通廊的一头连接繁华城市，一头通向浩瀚的海洋。沿着东海西路界面布置着城市观光厅和海天 MALL 的出入口。

始于 1988 年的青岛记忆

> 老海天大酒店开业于 1988 年，是山东省最早的涉外五星级酒店之一，也是一代青岛人的集体记忆。原址重建的海天大酒店位于海天中心西塔楼和西裙房，以更完善的设施延续着海天品牌与服务精神。

"老海天"曾经是青岛的金字招牌。开业于 1988 年的海天大酒店拥有各类客房 500 余间，多功能厅可召开 800 人规模的国际会议，并配有中西餐厅、咖啡酒吧、宴会厅、商店、康体娱乐等服务设施。新颖的建筑造型、完善的功能配套和优越的地理位置，使老海天在青岛酒店业一度独领风骚，它不仅是青岛市接待重要来宾的会客厅，也是普通市民操办重要宴请的首选之地。它开业到停业共 23 年，几乎每一位青岛市民心中，都有一段关于老海天的记忆。

↑
2021年全新升级的海天大酒店重新回到大众视野。

←
1988年开业的老海天大酒店是一代青岛人的共同回忆。

  2021年,原址重建的海天大酒店如期回归大众的视野,它位于海天中心西塔楼G-31层,总建筑面积6.6万平方米,拥有五星级全景观客房501间,客房数与老海天相当,软硬件设施则进行了全面升级,以崭新的面貌迎接天下来客,续写"海天之间一个家"的传奇。

  "海天宴会厅"位于海天中心西裙楼,是青岛主城最大的宴会厅,面积2 600平方米、高18米的无柱空间能容纳1 600人会议或1 000人宴会,比老海天扩容了一倍。大宴会厅周围还设有10个规模不等的会议室及多功能厅,配备全智能化影音设备,可承接国际首脑会议、部长级会议等高级别会议,全面提升青岛承办国际会议的实力。

  1988全日餐厅、宴海阁中餐厅、三沙日餐厅、海天壹号特色餐厅、地平线酒廊与行政酒廊传承老海天底蕴,为访客奉上地道的青岛味道与海岸风情。全景观健身房和9米×26米无边界泳池仿佛向浮山湾的美景无限延伸。登上西裙楼屋顶的空中花园,海风拂面,视野开阔,是户外餐饮和社交酒会的好去处。

云上超 5 星奢华体验

> 位于海天中心中塔楼上部的青岛瑞吉酒店是山东省第一家超五星酒店，高空全海景客房设施和百年瑞吉特色管家服务给宾客带来奢华而难忘的体验。

瑞吉（St. Regis）品牌诞生在镀金时代的纽约都会，自1904年阿斯特（John Jacob Astor）创立以来，以独树一帜的选址、奢华妥帖的管家服务和典雅高贵的环境闻名于世。青岛瑞吉酒店位于海天中心中塔楼的G层、3层、5层、58—78层，高度和视野令人心驰神

往，是一座不折不扣的"空中酒店"。首层到达大堂面朝大海，华美的挑高空间奏响镀金时代的序曲，4台装饰典雅的专用高速穿梭电梯能把客人直接送达空中大堂以及宴会厅、中餐厅等楼层。空中大堂始于58层，地面高度达到239.6米，当电梯门一打开，海天一色的壮丽景象透过落地玻璃扑面而来，带给人惊艳而难忘的印象。

青岛瑞吉酒店共有各类客房233间，宽达7米的豪华大开间使客房和卫浴空间能同时享有海景。瑞吉精心挑选每一块材料，打磨每一个细节，以现代的设计手法致敬经典。拱门造型的电梯入口、彩色手工玻璃的餐厅屏风延续了青岛德式建筑基因，动态光源水晶玻璃吊灯演绎珠宝主题，向四周投射跃动的光影。

在59层是酒店高耸的挑空中庭，高达72米的艺术背景墙刻画贝壳沙滩，而中庭的主角——豪华旋转大楼梯是瑞吉酒店的标志性元素，精致的雕花玻璃栏板和木质扶手在艺术墙的衬托下，营造出一幕充满宫廷仪式感的社交舞台场景。

↑ 高速穿梭电梯把客人送达空中大堂，海天一色的景象带给人惊艳而难忘的印象。

← 标志性的旋转楼梯营造充满仪式感的社交舞台。

12 万平方米海景办公

> 总建筑面积近 12 万平方米的海天中心超 5A 甲级写字楼，不仅拥有震撼人心的全海景办公条件，更荣获了绿建三星+LEED 铂金双重认证。它能够容纳上百家大型企业与近万人在此享受高品质办公空间和智慧楼宇技术服务。

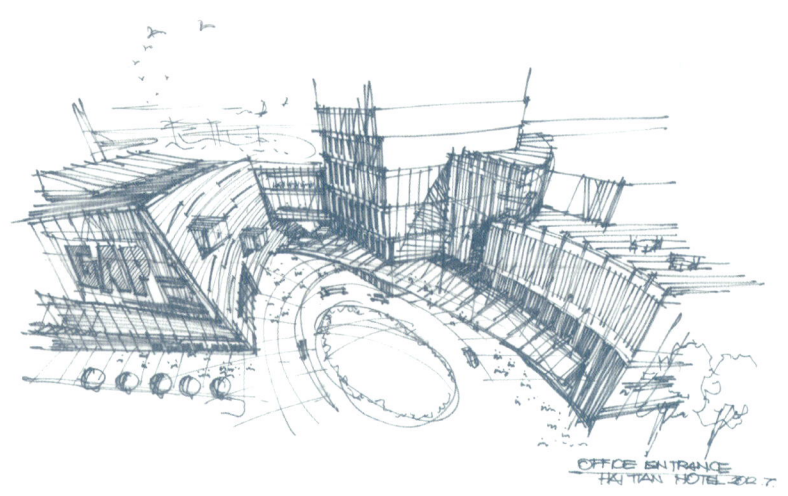

海天中心中塔楼的 6—48 层是超 5A 甲级写字楼，总规模近 12 万平方米，单层 2 200~2 600 平方米。凭借全海景摩天办公的优越环境与智能高效的楼宇管理标准，吸引着大型跨国公司、总部企业以及行业领军企业纷纷入驻，在青岛市新旧动能转换的背景下，助力提升核心商务区的竞争力。

写字楼主入口位于中塔楼北侧，开阔的广场面向繁华的香港西路。轻盈通透的竖向单索幕墙围塑出挑高 12 米的首层空间，来自意大利和希腊的白色天然大理石从底到顶镶满室内墙面，赋予入口大堂冷峻、理性而大气的基调。

全景办公区域采用的是高品质的超白玻璃，它如水晶般的通透程度，将四周景致一览无余，如同将办公桌置身于自然与人文景观之中。

← 办公入口广场设计师手稿。

→ 室内装饰风格简约理性，充满商务气息又不失质感。

看上去整齐划一、平整美观的天花板，其内部整合了照明、空调、音响、消防等各类完备的机电设备，在保证多种服务设备的高效运行与服务的同时，将完整、简洁、干净的办公空间留给使用者；15厘米高的架空地板方便企业入驻后灵活布线及拆装，而无需在地面上另外搭接管线，适应各类企业的设备与空间布置需求。第7、21、33层为金融交易楼层，层高5米，预留机房区域楼面荷载是普通楼层的3倍，多路供电，匹配金融行业精密设备配置与稳定运作的需求。

超5A甲级写字楼中的字母A代表楼宇智能化的程度，所谓5A包括OA（办公自动化）、CA（通信自动化）、FA（消防自动化）、SA（安保自动化）和BA（楼宇自动控制系统）五大方面。除此之外，海天中心还运用了先进的人脸识别无感速通门禁、目的楼层智慧派梯等技术，为租客与访客带来极致高效、便捷的商务体验。从建筑用材到能源管理，海天中心均采用国际一流标准，积极引入绿色与可持续发展理念，超5A甲级写字楼获得了美国LEED铂金和中国绿建三星双重绿色认证，成为山东省写字楼的标杆。

219套"可以居住的艺术品"

> 东塔楼的海天公馆包含219套住宅及配套功能设施，由7位国际知名设计师精心打造，配备了高端机电设备和智能家居系统，是一座名副其实的智慧住宅。

海天公馆位于东塔楼，有219套从150平方米至1300平方米不等的高端住宅，配有业主私享的高档会所、屋顶花园等设施，让人得以惬意地栖居在海天之间的繁华都会。

海天中心邀请凯莉·赫本、马修·欧文·卡莱尔、邱德光等七位世界知名室内设计大师精心打造"可以居住的艺术品"。每一个户型空间各异且不规则，设计师充分发挥各自创意与智慧，静心巧妙构思，化困难以神奇，充分利用建筑造型产生的不规则形态，通过客餐厅一体化、全景观卫浴等手法，使空间开敞、流动，实现"海景最大化"

让每一户都有独一无二的家居布置与装饰风格。

在华丽的外表之下,海天公馆还是一座饱含科技含量的智慧住宅,它将技术革新带来的便捷渗透进居家生活的每一个细节。比如,新风系统整合了等级过滤、静电除尘、紫外杀菌等功能,并可根据人体舒适度、室内颗粒物和有害化学气体浓度自动调节新风量,使室内空气质量始终保持最佳状态。

位于玄关的"ALL IN ONE"面板就像一位智能管家,它高度集成了空调、地暖、灯光、窗帘、背景音乐等控制功能,并预设若干常用模式,使每一台空调、每一盏灯皆可通过物联网平台,在客厅智能面板或手机 App 端进行能源精细化调控,在不同模式间自由切换。户内安装了大量传感器,它们就像灵敏的神经末梢,会根据感应的结果自动调节灯光、温度等参数,当住户外出时还能自动切换到安防模式。在大堂、电梯等公共区域,使用无感人脸识别及二维码访客等技术,保障用户的安全与私密。智能化远程控制还能不受时间地点限制,即使业主身在异国他乡,也可实时掌握家中的情况。

← ↑
通过客餐厅一体化、全景观卫浴等空间设计手法,打造独一无二的海景居住体验。

331 米高的全玻璃凌空观景平台

> 三个悬挑而出的全玻璃观景平台凌空 331 米，位于海天中心中塔楼 81 层城市观光厅西侧，出挑长度 1.9 米，站在其中有如凌空悬浮。它们因几何棱角的造型和晶莹剔透的外观，被人们形象地称为"钻石角"。

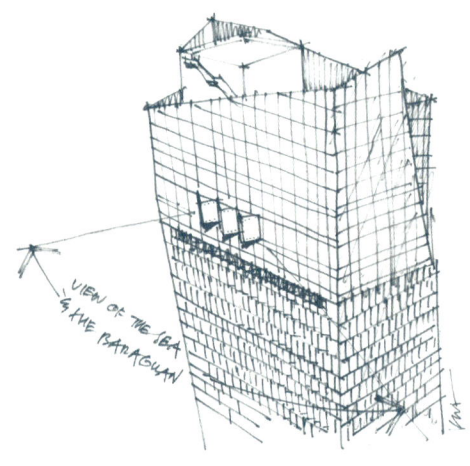

摩天大楼自诞生以来，高空观光一直受到游客们的青睐。如何直观地感受青岛"第一高度"？答案无疑是凌空观景台。

纽约帝国大厦观景台一直是当地最著名的景点之一，也曾吸引无数电影在此取景。芝加哥老牌摩天大楼西尔斯大厦近年也在第 103 层新增了一座玻璃观光台，观光客可以站在玻璃地板上俯瞰整座城市，体验肾上腺素飙升的快感。

海天中心为增加玻璃观光台的体验感与娱乐性，在中塔楼 81 层的城市观光厅西侧设计了三座伸出建筑外、平面形状为等腰三角形的"玻璃盒子"，其最大悬挑幅度达 1.9 米。比西尔斯大厦玻璃阳台更胜一筹的是，海天中心观景台大胆地采用全玻璃结构——顶部、墙面、地板全部由透明玻璃构成，除了顶部的金属梁，在视野范围内没有任

三个全玻璃结构的观景台从城市观光厅西侧外墙悬挑而出,深受游客喜爱。

玻璃观景台设计师手稿。

何实体支撑件,真正实现了无边无界的通透感。行走在玻璃地板上,眼前和脚下是一望无际的大海,人们在标高331米之高空"悬浮",领略极致的感官体验。

"悬浮"的背后,是巧妙的结构设计和高超的施工工艺。"玻璃盒子"采用顶部悬挑钢梁和地板悬挑玻璃的结构,钢梁从建筑主体结构伸出,顶面玻璃和立面玻璃通过点支式驳件固定在悬挑钢梁上,减少地板玻璃的负荷。相邻两片立面玻璃之间取消了常规金属连接件,改用结构胶相接,从而实现视线零遮挡。观景台顶部玻璃、立面玻璃与地板玻璃分别采用两层、三层与四层厚达15毫米的超白钢化夹胶玻璃,充分保障了结构的稳定和安全。

延伸阅读

"玻璃盒子"的性能试验

玻璃观景台的安全问题是重中之重。早在设计阶段,海天中心就三个"玻璃盒子"的专项设计组织了数轮评审,会同幕墙顾问、设计单位与业内专家开展研讨论证。高空全玻璃观景台这一类型的建筑在国内没有相关规范可供执行,也缺乏工程实例作为参照。因此,海天中心在实验室建成了1:1实物,并模拟青岛地区的极端气候与风压、地震等各类外力作用环境进行试验,检验位于超高层顶部的三个"玻璃盒子"的各项安全性能。

根据风洞试验数据,中塔楼顶部风压标准值为3.5kPa,出于安全考虑,又把设计系数提高了150%,此时立面玻璃极限荷载风压达到8.83kPa,地板玻璃极限荷载达到14.83kPa,对玻璃结构的强度和韧性是十分严峻的考验。玻璃在风压下会产生变形,因此除了增加结构强度,海天中心还特别设计了可以适应角度及位移变化的不锈钢点驳件,并采用三维建模、CNC加工技术,将精度控制在±0.5毫米的高标准,避免玻璃因局部应力集中而破坏。

方案出炉之后,为了确保高空全玻璃观景台能适应青岛多变的海洋季风气候,海天中心按照设计施工方案,在国内最权威的检测机

← ↗
海天中心的全玻璃高空观景台在国内最权威的设计机构上海建筑幕墙检测中心进行实体建造性能测试。

构——上海建筑幕墙检测中心进行了实体建造性能测试。测试依次经过预加载、耐撞击性能检测、整体抗风压性能检测、立面抗风压性能检测、地板抗风压性能检测、玻璃地板活荷载标准值测试、玻璃地板标准值测试、玻璃地板设计值测试、玻璃盒子立面设计值测试、交变风荷载测试、重复耐撞击性能检测、地板玻璃150%设计值测试、玻璃盒子立面150%设计值测试、极限交变风荷载测试、局部破坏测试、重复耐撞击性能检测、平面内变形性能试验等试验项目的反复检测。"玻璃盒子"试件在实验中表现优秀，顺利通过了这场"大考"。

海天中心的"玻璃盒子"开创了国内全景观玻璃悬挑结构体系设计之先河，不仅为青岛城市观光增添一个精彩的"打卡点"，对国内同类玻璃结构体系的设计乃至标准规范的编制也具有一定参考意义。

坐落在 80 层的美术馆

> 坐落在中塔楼 80 层的"云上艺术中心"是中国最高的艺术中心,以高品质、多元化的展陈理念扮演着艺术普及和文化交流的角色。

云上艺术中心位于中塔楼 80 层,地面标高 325 米,是获得世界高层建筑与都市人居学会认证的"中国最高的艺术中心"。

文化消费产业在中国正处于蓬勃发展的阶段,人们对艺术的需求日益增长。海天中心巧妙地联动美术馆和城市观光厅,起到了 1+1＞2 的社会效应,彰显海天中心作为青岛"文化地标"的价值。场馆层高 6 米,底层面积 1 674 平方米,访客可以从 81 层的城市观光厅乘坐手扶梯下行一层抵达。虽然规模不大,但是云上艺术中心独特的地理位置和精心设计的观摩路径,足以给访客留下深刻印象。

↑ 开幕首展《美在和同》将古今中外名家名作齐聚一堂。

← 参观者可从观光层入口大堂乘坐 8 米/秒的高速电梯直达城市观光厅和云上艺术中心。

  2021 年 6 月 20 日，《美在和同——中国美术馆藏古今中外经典美术作品展》作为开幕首展在云端亮相。青岛市政府携手中国美术馆，将齐白石、徐悲鸿、毕加索、安迪·沃霍尔等古今中外艺术大家的 69 件名作真迹首次引入青岛。展出的藏品雅俗共赏，既经典又多元，契合大众对艺术品和艺术史的兴趣。展览期间，云上艺术中心还组织了丰富多彩的公共导览、艺术座谈以及艺术家现场创作活动，并与多家艺术机构、行业协会、中小学校联动，请师生走出教室，近距离观赏大师名作，普及艺术教育。

  经营一座美术馆，是经营一座城市的艺术氛围与文化品质。云上艺术中心定位为非传统的复合型当代文化艺术展示空间，通过固定展与临展有机结合的模式，陆续推出艺术、科技、在地文化等多元主题的展览活动，并结合每一期展览主题积极开展公共教育、学术研究、营销推广、文创研发等活动，实践传统与现代结合、艺术与商业并举的理念。这座独一无二的高空美术馆就像城市的文化灯塔，将艺术的感染力传播到最远的地方。

140 片变色天幕下的星空俱乐部

> 由 140 片"电致变色调光玻璃"组成的弧形天幕,包裹着云端钻石 CLUB 的穹顶,因为免去了传统繁复的遮阳构件,形成了海天一色的旖旎景致与"手可摘星辰"的空间体验。

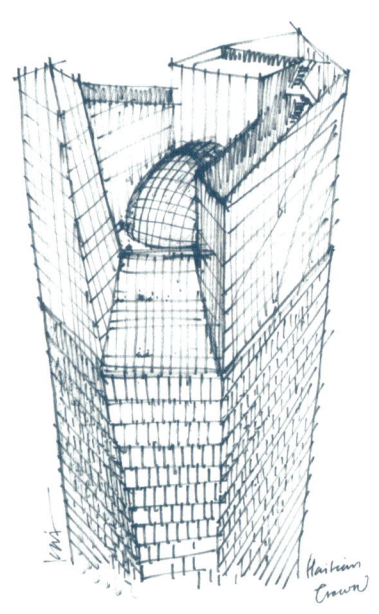

云端钻石 CLUB 是青岛主城区离天空最近的地方。它坐落于中塔楼最顶层,地面标高 337 米,面积约 840 平方米。从大堂出发乘坐高速电梯至 82 层,便可抵达这处胜境。

摩天大楼的高度优势在这里展露无余,"城市 VIP 社交空间"的定位恰到好处地平衡了资源的稀缺性与运营的开放性。在高科技设备如投影、AR、音乐、灯光等技术的辅助下,云端钻石 CLUB 可提供精致餐饮、休闲娱乐及各种定制服务,适合举办空中婚礼、企业年会、行业论坛、艺术品鉴、品牌发布等活动,甚至可以实现直升机悬停的出场效果,给参加者留下毕生难忘的记忆。

设计师手稿。

电致变色调光玻璃穹顶可以改变玻璃的透光率,给室内带来均匀舒适的光线。

除了高度，云端钻石CLUB的另一大特色就属玻璃穹顶了。从空中俯瞰，玻璃穹顶就像塔冠上的一颗明珠；而站在玻璃穹顶之下，仿佛被无垠的天幕所包围。椭球形采光顶使用的可不是普通玻璃，而是140片充满科技感的"电致变色调光玻璃"，它是一种新型夹层玻璃，将电致变色材料置于两层玻璃之间压制而成。通电后，电致变色层在电压作用下发生氧化还原反应，从而改变玻璃的色彩和透光量。此类变色玻璃还被应用在新型波音787大型客机客舱内。它能自动根据太阳光线的强弱，调节玻璃色泽的深浅，可在1%~56%的透光度之间变色调节，以保证内部的上座宾客始终处于一个舒适的光线环境中，不会因强日灼灼而感到刺眼炫目，也不会因为光线不足而感到昏暗无光。

　　调光玻璃的运用，省去了传统遮光构件，完美实现了塔冠的设计意图，带来更简约的空间和更宜人的光环境。同时，调光玻璃自身并不产生能耗，唯有在通电变色阶段仅产生每小时 $0.2~0.3W/m^2$ 的能耗，与传统采光顶相比可以节能20%~30%。晴朗之日，宾临云端钻石CLUB，当夜幕降临，将璀璨星空尽收眼底，仿佛置身星辰大海之中。

四通八达的"第3空间"

> 社会学中"第3空间"的概念是指除容纳生活基本居住与工作的城市功能空间外,为生活添姿增色的社会公共空间。海天MALL以"有机生活"为理念,连通多元业态和周围社区,打造全天候精品商业体验和精致生活空间,丰富着日常生活的空间维度。

"第3空间"的概念由社会学家奥尔登堡(Ray Oldenburg)提出,指家庭和工作地之外的非正式公共场所。根据这一理论,城市商业空间超越了单一的消费功能,成为有机联系周边社区的公共设施、裨益市民的生活中心。

海天MALL位于海天中心东裙楼,商业界面充分向四周打开:南北临接城市道路,西侧面向景观通廊,位于三层的玻璃天桥,既是独特的观景空间,也是连通两座塔楼的通道,可通往写字楼大堂。内部中庭由LG层跨越到四层,混合式自动扶梯组实现空间联动。虽然规模不大,但是"穿行店"的设计、开放的界面和四通八达的动线带来络绎不绝的人气和活力,扮演了社区公共空间的角色。

"有机生活"的经营理念贯穿海天MALL的商业策划与店铺设计,除了餐饮零售等休闲业态,还引入了特色书店与艺术空间,为这座面朝大海的商场增添了文艺气息,引领都会生活时尚。

→
中庭引入混合式自动扶梯,实现四通八达的跨层联动。

1200 万粒光源编码城市灯光秀

> 海天中心幕墙表面上分布着超过 1 200 万粒光源，它们通过智能编程技术实现建筑动态媒体立面和沿海建筑群的跨街区联动，上演缤纷靓丽的城市灯光秀。

近十年来，超高层建筑的"灯光秀"逐渐成为城市夜景的宠儿，建筑立面就像多媒体屏幕一样传递动态信息。随着科技进步与产品迭代，它展示着世界最前沿的灯光控制技术，彰显着城市的能量。

海天中心使用全三维技术手段，通过 7 万余米条形灯和 1 万余套灯具组成的超过 1 200 万粒光源，在青岛黄金海岸搭建起一座灯光秀的舞台，这也是全国面积最大的单体建筑媒体立面。

灯光秀是如何实现的呢？如果把建筑立面看作一个巨型显示屏，建筑上的每一个光源点就是显示屏上的一个像素，光源点越多，呈现

↑
海天中心灯光秀盛况。

←
媒体立面不仅能实现各种动态视觉特效,还能与周边楼宇形成联动。

出的画面就越细腻。工程师根据光源的数量、种类计算出像素点的总数量,再根据光源的分布确认控制器的种类、数量和端口数,合理分配每个端口像素点的数量以及连线方式。如此一来,就可以通过后台编程在建筑立面上呈现各种视觉效果,并与周边的建筑群实现联动。

2018年青岛召开了上合峰会,浮山湾以天为幕、以海为台、以城为景,上演了一场华丽的灯光秀,当时还处于建设阶段的海天中心也在塔楼上临时加设灯带,共襄盛举。此后,配合海湾亮化工程并扮演灯光秀的主角,成为海天中心的新任务。工程师们在建设中的建筑表面追加了大量光源,并在后续编程控制中反复调试磨合,使分期建设的媒体立面天衣无缝地保持同步,此举获得了4项国家专利。

2021年6月20日晚,为了庆贺海天中心"王者归来",一场盛大的主题灯光秀又在青岛前海的黄金海岸线华丽上演。夜色中,伴随着澎湃的节奏,CBD沿海高层建筑群齐齐化作巨大的荧幕,衬托当晚(以及从今以后)的主角——海天中心灯光首秀的精彩亮相。长达一个多小时的编程多媒体表演中,绚丽的灯光、动感的变化令人目不暇接,宛如火树银花不夜天,气场十足地展示出青岛新地标的活力。

2500 余件作品打造艺术殿堂

> 海天中心邀请数十位青岛本地艺术家为海天中心创作了 2500 余件主题艺术品，使游人徜徉在雕塑、绘画、摄影、装置的海洋，接受沉浸式的艺术熏陶。

"城市会客厅"自然少不了艺术品的点缀，而艺术品的挑选与布置必须与业态、空间完美契合，方能起到画龙点睛、相得益彰的效果。海天中心在筹备阶段，就协同各业态的经营者、设计师和艺术品顾问探讨了艺术品在空间中的呈现方式，前后邀请了数十位艺术家为海天中心创作了 2500 余件作品，包含绘画、雕塑、摄影、装置等各种艺术形式。这些艺术品被精心放置在室外场地、公共区域与私享空间，给访客带来移步易景的惊喜，也让访客在潜移默化中感受艺术的陶冶与启发。

↑
两座酒店公共空间充满各式各样的艺术品,许多以青岛城市元素为母题,为建筑空间画龙点睛。

←
瑞吉酒店客房中亦精心布置着展现青岛地理风光的艺术品。

在挑选艺术家和作品时,海天中心秉持"原创"和"精准"两项原则,不仅关注作品与空间的契合度,也重视每件作品背后的创作灵感。艺术背后的故事能加深作品给观众留下的印象,在观众、作品与空间场所之间建立连结。

六组室外雕塑出自雕塑大师吴为山之手,其中主题雕塑"绛雪"来自《聊斋志异》香玉篇,它是崂山太清宫三宫殿前一株耐冬(即山茶花)。耐冬凌寒绽放、傲霜斗雪的英姿深受北国人民的喜爱,也是青岛市的市花之一。这组作品融合了文学经典、名胜古迹和城市精神,自然为旅客留下难忘的青岛记忆。

值得一提的是,这 2 500 余件作品大部分出自青岛本地艺术家之手。在海天中心这座开放的美术馆,本土艺术创作被更多人看见。

1189 片水晶玻璃绽放花海

> 悬挂在海天宴会厅上空的 1 189 片来自捷克的波希米亚玻璃，是量身定制的艺术灯饰。它们如"耐冬"、如"月季"，亦如"贝壳"、如"风帆"，组合成一副山海交织的壮美画面，将古老的波希米亚玻璃制造传统与当代照明科技巧妙地融入了青岛的城市故事。

步入海天宴会厅，会被眼前璀璨夺目的"花海"所震撼。由一千多片波希米亚手工玻璃制作而成的艺术花灯装点着庞大的天幕，融合现代设计手法和照明技术，如山花浪漫，又如海涛奔涌。

波希米亚玻璃的制作工艺有着千年历史，曾以晶莹剔透的质地、绚丽多姿的色彩、精湛绝伦的镶嵌工艺，深受欧洲王公贵族的喜爱。作为捷克的国宝级工艺美术，这门古老技艺也在当代不断传承发展，推陈出新。

捷克设计师 Wanda VALIHRACHOVÁ 为海天宴会厅设计的大型灯饰作品"绽放的海洋"用铜色、橙色、琥珀色、红色的捷克手吹玻璃和琉璃玻璃，以及艺术造型的金属片、金属网，绘成一幅热情洋溢的画卷。红色调的手工玻璃寓意青岛市花耐冬与月季，与形如贝壳、风帆的金属组件以旋转的动线自由地铺展开来，融合东西方艺术，礼赞青岛城市文化。

纯手工打造的水晶玻璃制作工序复杂而严格，耗时 2 000 多个小时。首先，将高品质硅砂熔化成液态，置于 1 400~1 600 摄氏度的熔炉中进行复杂的模压成型，获取独特的形状。作品中最大的玻璃片长度近 1 米，如此尺寸的水晶玻璃共 133 片。玻璃成形后进入自然冷却环节，以释放内应力，以防在之后加工中破裂。随后进行金属电镀，赋予每片花瓣所需的颜色。最后，通过钻孔固定，调整每片玻璃在作

↓
来自捷克的玻璃艺术灯具品牌 LASVIT 为海天宴会厅设计的大型灯饰"绽放的海洋"将现代设计手法与古老的玻璃制作工艺相结合，增强了宴会厅的空间层次。

品中的方位。金属是设计中的另一个重要组成部分，手工锻造的金属薄片在玻璃花瓣上形成平滑的轮廓线，并通过定制的小型 LED 模块实现内部照明，为玻璃花瓣提供辉光。为了确保安装的安全性，作品通过特制的军用级不锈钢吊件固定在宴会厅的金属天花板上，可调整高度及每个组件的角度。

通过智能灯光控制系统，"绽放的海洋"能满足会议、婚宴、晚宴等多种场景需求。比如，在最明亮的会议场景中，灯光在玻璃和金属之间经透射、折射、反射，如艳阳般灿烂夺目。而在宴会、婚礼和晚会模式下，则随着光源调暗、反射减弱，呈现落日时分的浪漫气息。金色"花蕊"和金属网的 LED 光源可单独控制，营造星光照亮夜空般的静谧氛围。

21 米长的山海画卷

> 海天大酒店大堂接待区背景墙是一幅长达 21 米的巨型岩彩画《海天东望》，以高雅磅礴的气势欢迎八方来宾。

当宾客抵达海天大酒店，在服务台办理入住时，目光全然被眼前的壁画吸引——只见山势磅礴，呼之欲出，而位于画面高处的海平线将画面笼罩在一片巨大的宁静中，让人想起"东临碣石，以观沧海，水何澹澹，山岛竦峙"的诗句。这幅描绘着东海崂山景致的画卷，是艺术家苗彤为海天大酒店创作的岩彩壁画"海天东望"。

中国自古把绘画称作"丹青"，其中丹是指朱砂，青是指石青。来自天然岩石矿物的颜料是人类最古老的画材，色泽稳固，经久不褪。

岩彩画在中国曾经非常发达,敦煌壁画堪称世界古典岩彩画的高峰。这门技艺在隋唐盛极,并传入日本。宋代以后,随着文人画、水墨画的兴起,岩彩壁画在中国逐渐式微,而在日本则享有"国画"之尊,并且不断地演化发展。

"海天东望"全长21米,高达3.5米,为海天大酒店的接待大堂量身定做。艺术家与酒店经营者、室内设计师共同探讨,提取青岛地景中最主要的两个元素"海"和"山"作为创作主题。画面色调以白、蓝、灰为主,单纯素朴,充分衬托岩彩的质感,局部以纯金箔洒金,营造远阔的气势、纯净的色彩、高洁的品位。仔细观察还会发现,画面中海的色彩是平面的,而山却是立体的,这便是岩彩画在近世的发展创新之一。艺术家用色砂土、矿物色和黏合剂在画布上塑造出山的体量形态,再以有色土覆盖画面,而后用绘画技法刻画出山的样貌。

为避免画面拼缝随着季节变换、时间流逝而变形开裂,整幅作品绘制在20多米长的定制布匹之上。艺术家为此租赁了一间足以平铺画卷的厂房专事创作,经起稿、放样、塑形、覆土、刻画、洒金、调整等步骤,历时两月余方才完成。由于尺幅庞大,且含有大量矿物、砂土和黏合剂,这件作品的总重量接近1吨。

↑ 《海天东望》作为大酒店大堂服务台背景,以高雅磅礴的气势欢迎八方来宾。

← 艺术家在大型空间开展创作,将作品绘制在一整幅长达21米的布匹上。

380 颗律动水滴

> 380 颗水滴状的玻璃灯饰均为捷克传统匠人手工吹制而成，漂洋过海、几经辗转，最终得以呈现在海天大酒店门厅。不同于机械化生产，"水张力"玻璃手工灯饰艺术品利用动态光源编程技术，体现出灯光细腻与微妙的变化，赋予了作品有机的生命感，不由得引人定睛凝视、流连忘返。

海天大酒店门厅艺术灯饰"水张力"是另一件融合捷克玻璃制造传统和现代设计的作品。富有张力的造型，变幻闪烁的灯光，吸引人们驻足观看，浮想联翩。

作品设计灵感来自水滴的表面张力，描绘了水滴在下坠、膨胀、飞溅、四射过程产生的不同形态，将美好的瞬间定格成永恒的艺术。微量的金元素使水晶玻璃呈现出半透明的鲜红色泽。每一颗"水滴"都是在两名资深玻璃工匠的配合下，在 1 100 摄氏度的高温中，经过繁复的 12 道工序制成，每一片都是独一无二、不可复制的工艺品。玻璃内部用特殊工艺形成细密的小气泡，帮助灯光和色泽均匀地漫射开来。

手工吹制的艺术玻璃具有晶莹剔透的光泽和质地，而动态光源技术赋予了作品新的生命。每个玻璃水滴内部都镶有定制的 LED 组件，通过计算机系统编程独立控制，每个 LED 光源都能以不同的亮度和速度点亮或熄灭，实现呼吸的效果。动态光源可以组合成多种照明场景，调动着观众的情绪。白天，光源慢慢地一个接一个打开，随即同时熄灭，如此循环，俏皮灵动地迎接抵达酒店的客人。黄昏时分，随着室外自然光线逐渐减弱，LED 光源全部打开，加速闪动，让气氛更加活跃。夜晚，光源从上到下缓慢闪烁，如雨滴纷纷坠落，宁静又浪漫。

科技与艺术奇妙融合,赋予了灯饰全新的表情。

  整组作品重量达 2 吨,而安装空间直径仅 4.2 米,相当于每平方米的天花板要承受两三个成年人的重量。为此,工程师采用定制的轻型铝制结构框架,通过不锈钢螺母和固定杆将其牢牢地固定在楼面结构上,玻璃组件全部采用军用级不锈钢丝悬挂,悬吊结构设计强度达到实际重量的 4 倍,确保艺术品安装稳固,行人安全无虞。

↗
微量金元素让手工吹制的水滴形玻璃呈现鲜红色泽,内嵌 LED 灯具通过编程控制,实现不同场景动态效果。

设计理念

掀起"千层浪",奏响"海之韵"。超高层地标建筑的设计,不仅创造出最独特的空间艺术,也整合了最前沿的工程技术。如何在涅槃重生的海天中心寄托青岛人对"老海天"的追念?如何在海边立起万丈高楼?如何让每间房间都看到海景?如何抵挡潮气侵蚀与强风摧折?如何把七大业态安顿得井井有条?如何吐纳每天数以万计的客流?……来自全球三十多家设计机构携手一一解开谜题,联手绘就海天蓝图。

7 大业态
4 个
-27.5 米
5 道
第 1 组
11 个
9546 樘
44 个
3 种
35 种
107 部
≤35 秒
3D

设计理念

合理布局 7 大业态

> 立足于提升青岛的城市生活品质，打造青岛的"城市地标"与"精神标杆"，构建真正具有城市生活凝聚力的公共空间，海天中心形成了集酒店、住宅、办公、会议、商业、观光、文旅于一体的 7 大业态空间。而如何在局促的用地、巨大的体量中把七大业态安排得井然有序、各得其所，并且将空间价值最大化，考验着建筑师的功力。

设计一座城市综合体究竟难在哪？首要是解决"综合"二字。海天中心容积率接近 10.5，包含酒店、办公、会议、商业、文旅、住宅等截然不同的业态，每组业态都有各自诉求，要满足相应规范……如何在紧张的用地内把错综复杂的功能、纵横交错的动线安排得井井有条，同时最大化地实现空间价值，是建筑师所要经受的考验。首先，中塔楼高达 369 米，将其打造为极致体验的云端海景空间，发挥其空间高度价值，将浩瀚无垠的大海与一望无际的天空融为一体，将自然

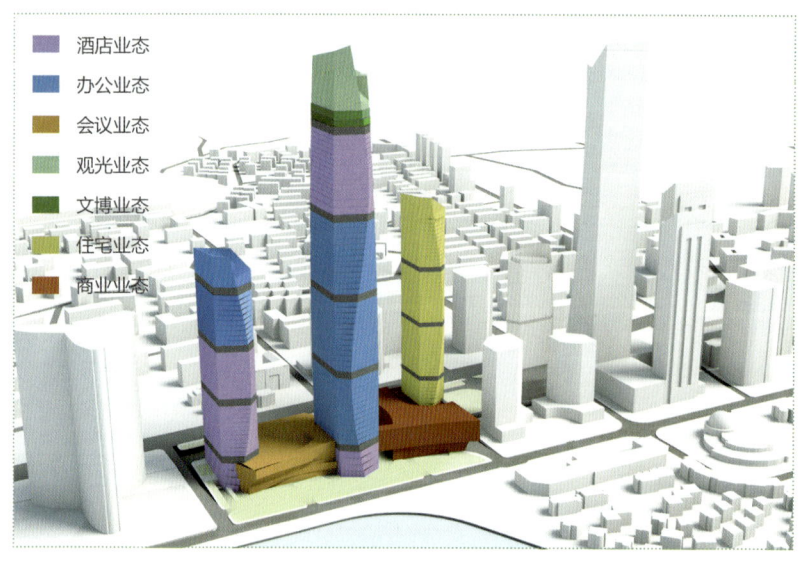

景致与空间体验相结合，自上而下布置云端钻石 CLUB、瑞吉酒店与超 5A 甲级写字楼。西塔楼布置着"老海天"的延续品牌海天大酒店，它的客房位于中低楼层，在空间上与位于西裙房的主入口、大跨度大宴会厅直接相联系。在空间布局上，海天大酒店与中塔楼的瑞吉酒店具有了差异性、珠联璧合、优势互补。东塔楼布置着功能较为独立的住宅楼、具有一定私密性，便于管理、闹中取静。其下部的东裙房布置为商业空间，中、东塔楼办公人员与住户无需离开大楼，即可步入富含餐饮、购物、娱乐的商业空间，十分便捷。

在首层人流交通动线设计方面，中、西塔楼的办公与会议主入口，以及东塔楼的公寓主入口面向通往市内的干道与地铁入口，便于日常通勤；两座酒店主入口面向海滨浴场，步出酒店，即可感受到海风拂面、涛声拍岸、阳光沙滩的度假场景；东裙房的商业入口则贯穿南北两侧，并通过地面架空与大台阶的设置，在室内与室外同时连接起具有数米高差的香港西路与东海西路，成为连接市内与滨海的商业与景观通廊。

通过合理的布局，海天中心七大业态既可以有条不紊地独立运营，又可以连为一体，相互贯通，成为功能完备的"垂直城市"。

↑
海天中心在紧张的用地内，把七大业态的功能布局、人车动线安排得井井有条。

←
七大业态分布图。

设计理念

4 个出入口衔接城市路网

> 海天中心设置了 4 个车行出入口，分布于两侧主次干道上，衔接城市路网，空间疏密得当、布局合理，统筹考虑了上下班通勤、观光、下榻酒店、购物、居住等人群的行车特点、车行出入对城市交通干道的影响，及与内部流线的关系等因素。

海天中心坐落在车水马龙的都市核心区，周边路网成熟密集，交通便利。可与此同时，城市主干路香港西路和城市次干路东海西路的交通饱和度分别在 0.9 和 0.8 以上，每逢高峰时期经常拥塞。作为超级城市综合体，海天中心每天迎来送往，吐纳着不计其数的人流与车流。如何妥善安排人车动线，平滑衔接城市交通，使到来的车辆不至于迷路，离开的车辆不发生拥堵，是场地交通规划的目标。

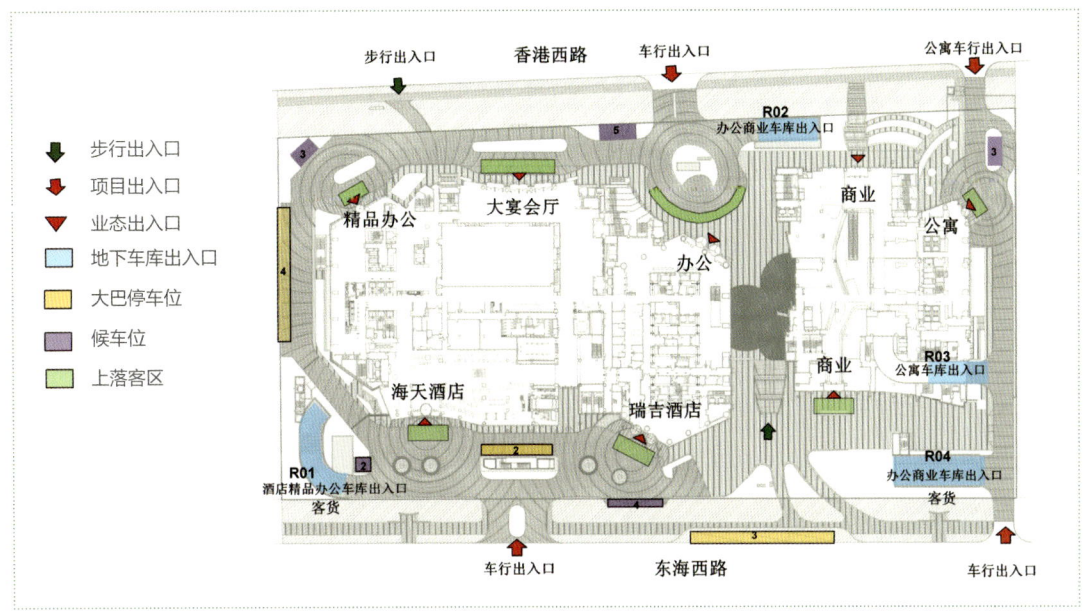

"大数据"是交通规划的依据和起点。根据城市交通统计数据以及海天中心的功能和规模,预计晚高峰产生的交通量约为13 000人次,其中"产生量"(即离开海天中心)约6 000人次,"吸引量"(即到达海天中心)约7 000人次。鉴于周边公共交通服务发达,会有超过35%的人选择乘坐公共交通,由此推算,海天中心高峰时段每小时通过的车辆数约为3 500辆,其中离开车辆约1 500辆,抵达车辆约2 000辆。这些数据结合海天业态特点,帮助交通专家判断停车场的规模和分区,出入口的数量和位置,与市政交通、场地景观的协调等事宜。

从城市综合体的角度,每个业态都希望拥有专属的进出动线与场地;从城市交通的角度,地块出入口增多会影响主线交通的运行。为了平衡这对矛盾,海天中心在南北两侧共设置了四个车行出入口——北侧主入口面向香港西路,正对东海一路,主要服务办公、会议和商业,东北侧设有海天公馆专用出入口;南侧主入口位于两座酒店之间,减少对城市道路的影响,东南侧设有客货共用的出入口。内部环状道路贯通全区,串联各个业态,并可直通地下车库相应区域。地面广场为各个业态就近提供了充足的上落客区域和回车道路,共计34个小型客车停车位和4个大型客车停车位。无论来访者乘坐何种交通工具、从城市哪个方向来到海天中心,都能顺畅地抵达和离开。

↑
地面层交通规划布局。

←
场地交通规划流畅地衔接车水马龙的城市路网。

−27.5 米的地下室扩容城市基础空间

> 城市地下基础设施是城市高密度核心区重要的空间资源与交通枢纽。海天中心建造了 6 层地下室,深达 27.5 米,充分挖掘 CBD 地下空间资源,构建起四通八达的地下经济走廊和物业运行心脏。

如果把摩天大楼比作一棵参天大树,地下部分就像大树的根系,根须扎得越深、延展越广,树冠就越是枝繁叶茂。海天中心地下空间深达 27.5 米,足足 6 层,不止承担整座楼宇的能源供应、物业管理、后场服务和停车卸货等功能,也借助四通八达的地下走廊与周边地块互联互通,编织成一张便捷的城市地下交通网络。

以上成效始于规划设计阶段。海天中心广泛考察了先进国家和城市的成功案例,决定充分挖掘地下空间资源,增加业态配套功能,以满足顶级城市综合体的品质需求,也为未来交通改善留有余地。建成的海天中心地下室各楼层标高依次为 -5.70 米(G),-11.20 米(LG),-15.90 米(B3),-19.50 米(B4),-23.50 米(B5)和 -27.50 米(B6),其开挖之深、层数之多,在国内同类型开发项目中首屈一指。

G 层是海天中心面向东海西路来访者的门户,因香港西路首层结构标高被定义为 ±0.00 米,与道路存在高差,故而 G 层的标高为 -5.7 米。虽然在工程上被定义为"地下",实际上是面向大海敞开的东海西路侧首要地面层。海天大酒店、青岛瑞吉酒店、城市观光厅、云上艺术中心及海天 MALL 都从这里进出,视野开阔,到达体验极为舒畅。室内空间容纳了酒店接待、文旅展示、餐饮零售等功能。此外,室外人车分流,设有四个车道出入口通往地库的不同区域。

标高 -11.20 米的 LG 楼层服务各业态后勤以及人流地下交通。一方面,LG 层容纳了酒店后场空间,包括卸货区、后勤设施和员工食堂等，两座酒店独立使用，动线分明。另一方面，LG 层在香港西路一侧设有地铁连接通道，步行 10 分钟即可到达地铁站。未来还将连接东海西路地下公路，与四通八达的地下交通系统联成一体。

B3—B6 主要为地下停车库，按照业态特点和就近原则进行停车区域划分。酒店及文旅 VIP 停车位注重便捷和高效，因此安排在停车场的最上层；住宅停车位注重隐私和安全，因此安排在停车场的底层。根据停车位价值和使用效率，将时租车位安排在较高楼层，让远道而来的观光客和消费者群体能够较轻松地找到车位；而月租车位尽量放在较低楼层，有效分流"熟门熟路"的写字楼用户。

除此之外，地下室还建有 361 座各种类型的机房——配电室 9 个、锅炉房 3 个、制冷机房 2 个、安防中心 3 个……还有各类风机房、电井等，为整座大厦提供电力、用水、冷热源。训练有素的物业班组在这里借助智能化设备，24 小时不间断地监控着楼宇内外的情况，维持海天中心安全稳定运转。

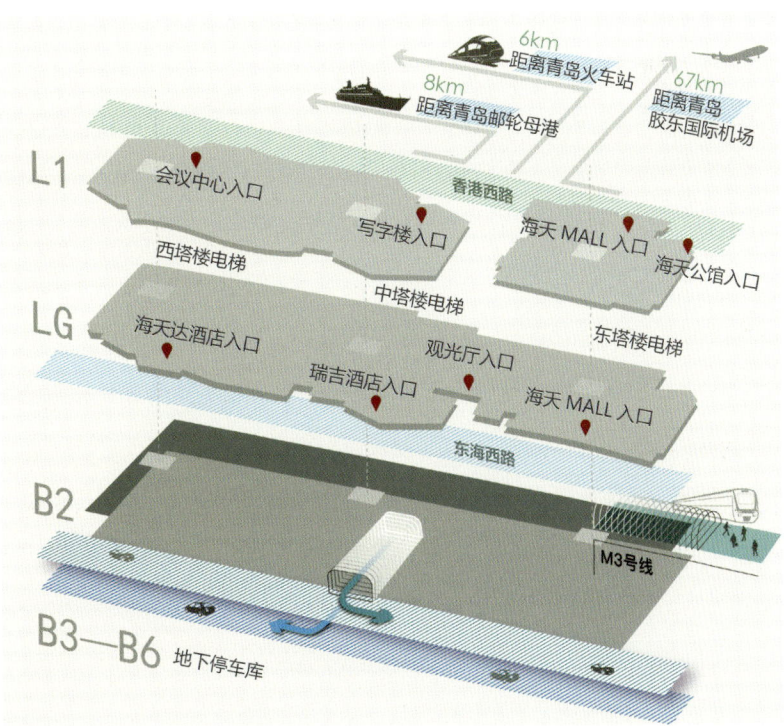

→ 六层地下空间四通八达，构建核心商务区地下经济走廊。

5道伸臂桁架的加强层托起瘦高巨人

> 海天中心三座塔楼均为超高层建筑，而且平面比例较常规高层建筑更"瘦"。中塔楼结合避难层、设备层巧妙设置五道带伸臂桁架的结构加强层增加结构稳定性，帮助巨人在海风中站稳脚跟。

从巴别塔到哥特教堂，高耸入云的建筑奇观是人类亘古不变的追求。建筑物建得越高，便越容易失去稳定。在现代结构科学诞生前，中世纪的能工巧匠们在实践中发明了飞扶壁，在哥特教堂的两侧给予支撑，使高耸的主结构屹立不倒。

在现代结构设计范畴里，"高宽比"是高层建筑的一项宏观控制性指标。顾名思义，它是指建筑物高度和宽度的比值。海天中心三座塔楼皆为超高层建筑，本身高宽比就很大，而且塔楼平面比例较常规超高层建筑更"瘦"，南北方向长，东西方向短，这就使塔楼高宽比的数值更大了——西塔楼高宽比为5.8，东塔楼高宽比为8.45，而最高的中塔楼整体高宽比达到了8.9，核心筒高宽比约20.9。可想而知，细长的物体容易摇晃失稳，海天中心塔楼高宽比超过了规范的建议值（即所谓"超限"），需要在常规结构设计的基础上采取额外的加强措施，以保障结构的稳定与安全。

经过风洞试验与结构验算，海天中心决定采用"加强层"提升中塔楼框架—核心筒结构的强度和整体性。加强层通常由各种桁架结构来实现。"伸臂桁架"就像从核心筒伸出几道强劲的手臂，牢牢地抓住外围框架，它们的形态和作用类似哥特教堂的飞扶壁。由于伸臂桁架尺度巨大，跨越核心筒和外框柱，会产生大量无用空间。为了兼顾

→
加强层的分布、形式与施工中场景。

结构效率与建筑功能、建设成本与立面效果，一般将结构加强层中设置为建筑设备层和避难层。

中塔楼共有 7 个设备层，工程师对伸臂桁架的布置方式和布置楼层进行分析和计算，在 27 层、38 层、49 层、57 层及 69 层共设置 5 个加强层。在每个加强层中，沿短向在外框方钢管柱及核心筒间设置钢结构"伸臂桁架"，在外框柱周圈设置"腰桁架"，组合楼板设置楼面"水平桁架"，三种类型的桁架协同发挥作用，为中塔楼提供全方位的加固。在 5 个加强层的护持之下，中塔楼这个瘦高的巨人也能挺拔屹立于海风、地震与各类外力冲击中。

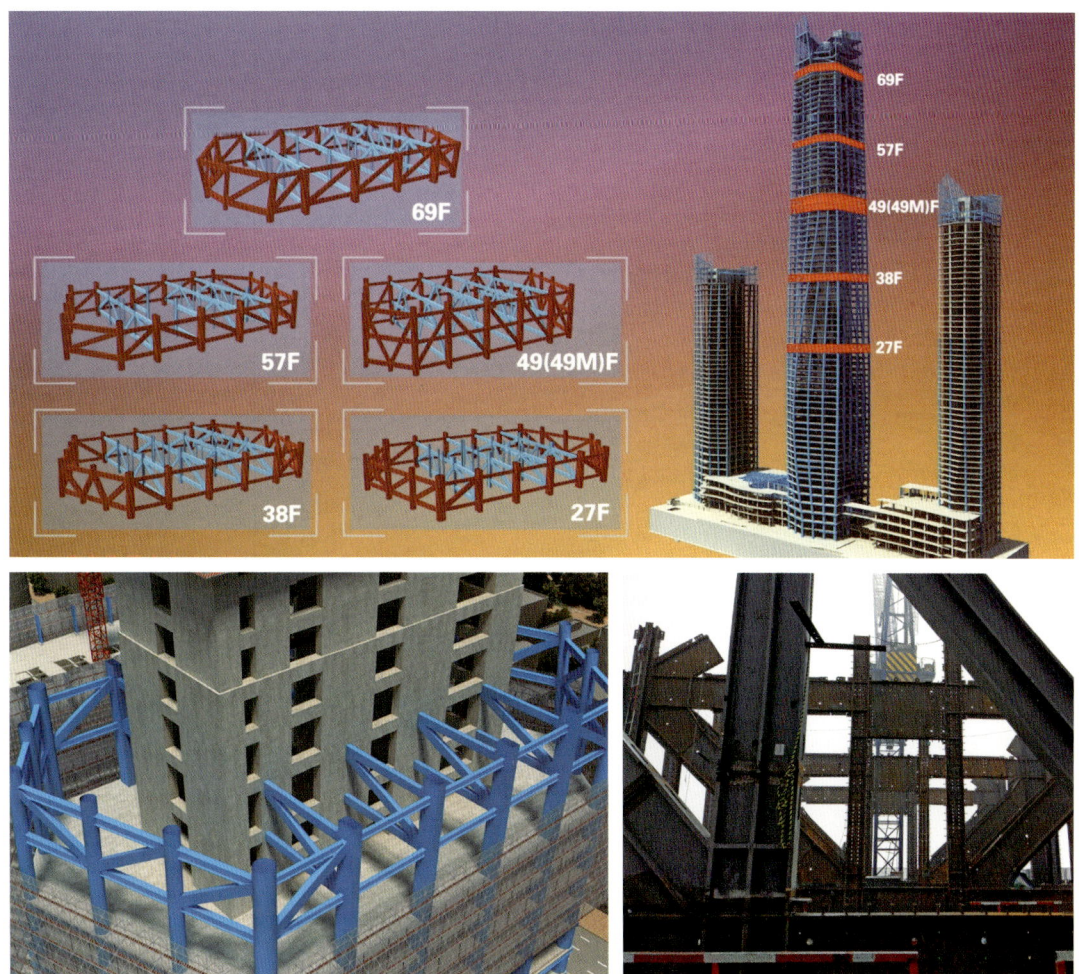

> 延伸阅读

风洞试验

建筑物越高，受风的影响就越大。海天中心临海而建，日常风力大，还有季节性台风等不确定因素，因而风环境评估是设计中相当重要的一环。和建筑物的静态承重相比，风的作用更为复杂而难以捉摸，因此工程上常用"风洞试验"直观地模拟建筑物在风环境中的表现。

风洞（wind tunnel）是一种产生人造气流的管道。1871年，英国人弗朗西斯·赫伯特·韦纳姆（Francis Herbert Wenham）和约翰·布朗宁（John Browning）发明了世界上公认的第一个风洞。1901年，莱特兄弟（Wilbur and Orville Wright）利用风洞研究飞行器在气流中的运动状态，发明了世界第一架动力载人飞机。因为风洞可控性佳，可重复性高，如今已广泛应用于空气动力学和风工程研究的各个领域，除了汽车、飞机、导弹等设计制造行业，风洞试验也是建筑工程行业必不可少的工具，可以研究结构体的风荷载、风致振动以及建成环境的微气候等。风洞试验利用几何相似原理，将被测物和周围地形等比例缩放制作成小尺度模型放置于风洞中，用仪器测量模型承受的风力或风速。风洞试验是确定结构风荷载的重要手段，对建筑工程结构抗风安全和风环境优化发挥着重要作用。

海天中心的风洞试验在加拿大安大略省圭尔夫市（Guelph）的RWDI 2.4米×2.0米风洞中进行。根据建筑设计方案，实验室制作了1:500的模型，包括海天中心与其周围直径1.2公里范围内的已建、在建和计划兴建的建筑，尽可能真实地还原地形地貌。模型上安装了星罗棋布的传感器，风机根据青岛气象实况模拟不同条件下的风向、风力、风速，传感器会记录下模型接受到的压力与速度等数据。通过对这些数据进行分析，就能精准地得出风对建筑及周围环境造成的影响，进而在设计上采取适当的应对措施。

海天中心的风洞试验主要研究了三个方面内容：幕墙风荷载、行人风环境和风致结构影响。

其中，幕墙风荷载试验得出三栋塔楼及裙房各个立面的正负压力峰值，为幕墙深化设计与生产加工提供依据。行人风环境试验用来评估海天中心的户外空间及周围环境的风舒适度与安全性，避免"高楼风"给行人造成危害。风致结构影响试验则提供了塔楼主体结构设计的风荷载，并确定塔楼最高居住层的风致加速度，评估风致振动的频率、幅度对居住舒适度产生的影响，试验数据也是阻尼器设计的重要依据。

风洞试验不仅能帮助工程师更好地设计建筑，近年来还被应用于竞技体育领域。风洞可以辅助竞速类冰雪运动、赛艇、游泳等专项训练，为运动员模拟出近乎真实的竞技环境，优化运动员的姿态、队列，研发低风阻高性能的运动装备与器材，是提高运动员成绩的重要科技手段之一。

→ 海天中心在加拿大进行风洞试验的现场。

设计理念

世界第 1 组对置式异形调谐液体阻尼器

> 常规的阻尼器通常具有巨大的体量，占据建筑内部大量空间。而海天中心采用了世界上第一组对置式异形调谐液体阻尼器，它们位于中塔楼 69 层设备层南北两侧，充分利用了核心筒外侧的异形空间，且无需占据更多空间，还"一搭两用"，能同时兼做消防水箱，具有极好的集约性和高效能性。

风致振动对于沿海地区的超高层建筑而言是一个常见威胁。

简单来说，建筑物有自己的固有频率，而风荷载具有随机性。当风荷载与建筑物固有频率相等或接近时，就会和结构发生共振。当这种共振产生的加速度超过一定阈值，就会被人感知，引起不适甚至造成危险。

根据风洞试验结果，中塔楼在不设阻尼器的情况下已满足国内标准对旅馆类建筑的舒适性要求。但为了优化超五星级酒店、钻石俱乐部等高端业态的使用体验，也为了保障高速观光电梯长距离运行的安全，海天中心决定加上阻尼器这道双保险。

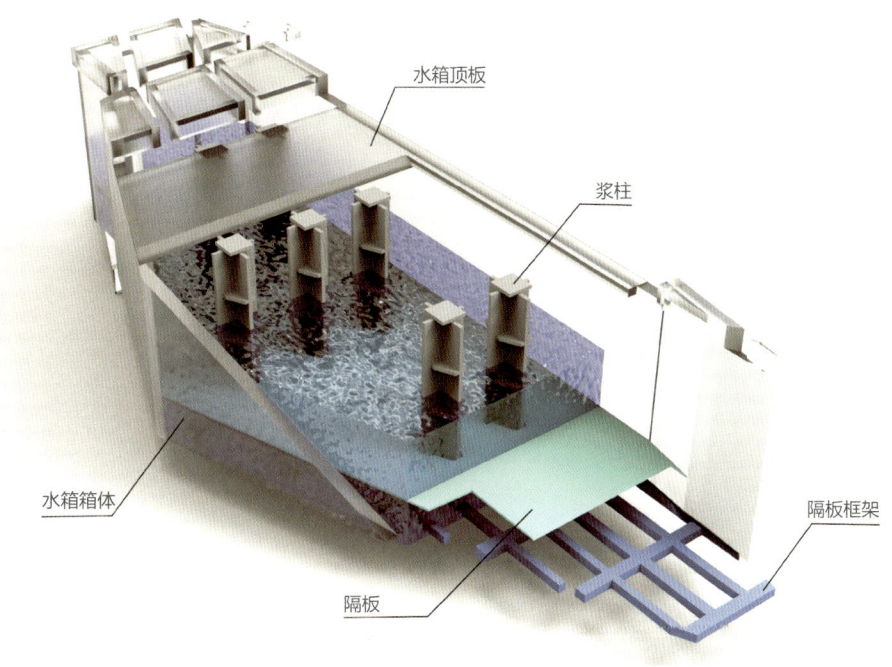

水箱顶板
浆柱
水箱箱体
隔板
隔板框架

↑
被动式调谐液体阻尼器通过水波震动，吸收并耗散楼宇振幅，提高空间舒适度。

←
阻尼器建造实景。

  调谐液体阻尼器（tuned sloshing damper，TSD）利用晃动的液体吸收并耗散结构振动能量。它实质上是置于结构顶部的箱体，内部填充液体，当结构发生共振响应时，箱体内的液体基于惯性力开始晃动，而箱体内的多根"浆柱"能增加湍流，从而消耗振动的能量。通过设计合适的箱体尺寸和液体深度，可以将晃动的频率"调谐"至结构的自振频率。调谐液体阻尼器构造简单，易于安装、调节与维护，还具有灵敏度高和无需限位等优点，成为实际工程中应用最为广泛的结构振动控制系统。海天中心将中塔楼塔顶设备层的两座650吨消防水箱设计为调谐液体阻尼器，一物两用，节省了空间，降低了造价，实现品质、经济、工期的多赢。

  对置式异形消防水箱调谐液体阻尼器设计属世界首创，海天中心先后在加拿大麦克马斯特大学进行振动台实验，在加拿大圣约翰大学海洋研究中心进行仿真模拟实验。实验证明，加装阻尼器之后的中塔楼满足国内舒适度控制的最高标准。

延伸阅读

阻尼器小历史

阻尼器减振消能技术最早运用于航天、航空、军工、汽车等行业，20世纪70年代以来，阻尼器在建筑、桥梁、铁路等工程领域得到了迅速发展。实际工程中常用的吸能减振系统主要包括调谐质量阻尼器（TMD）、调谐液体阻尼器（TSD）、调谐液柱阻尼器（TLCD）、主动质量阻尼器（AMD）、混合质量阻尼器（HMD）等。被动控制系统由于无需外部能源支持、安全可靠、构造简单、造价低、便于维护等优点，成为应用最为广泛的结构振动控制系统。

台北101大厦是中国第一座安装风阻尼器的建筑，在大楼的88—92层挂置一颗重达660吨的巨大钢球，它属于调谐质量阻尼器，利用摆动来减缓建筑物的晃幅。台北101风阻尼球的设计不仅具有实用功能，也是楼宇观光、科普宣教的一大亮点，游客可以在观景台一窥阻尼系统的运作。

上海中心大厦采用"电涡流摆设式调谐质量阻尼器"，首次在建筑风阻尼器中使用了以往用于磁悬浮等工程领域的电涡流技术，建成后质量达1 000吨。

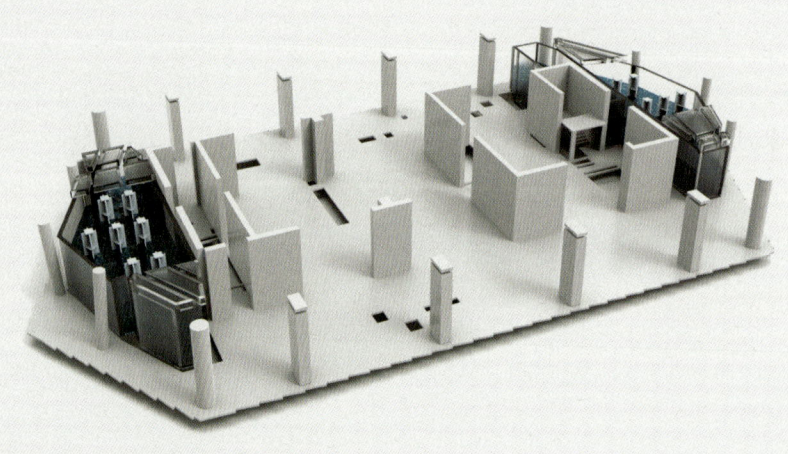

← 调谐液体阻尼器具有构造简单，安装方便，自动激活性能好，不需要启动装置等优点，可兼做消防水箱使用。

→ 海天中心的调谐液体阻尼器位于观光层下方的设备层内。

阻尼器所在设备层

11 个避难层架起生命绿洲

> 根据国家消防规范，避难层的间距不得超过 50 米。据此，海天中心设计了 11 个避难层，确保在意外发生时，生活、工作在高层建筑的人们可以高效有序地疏散，或者在安全的地方等候救援。

当高层建筑发生火灾或遭遇其他意外灾害时，大楼内人们该如何安全撤离？如果来不及撤离，又能在何处暂时避难、等待救援呢？答案是设计疏散楼梯（防烟楼梯间）和避难层。

不妨来模拟一下消防演习的场景。当火灾警报响起时，困在大楼内的人员根据广播和标识系统的提示，通过疏散楼梯有序向地面疏散。高层建筑的疏散楼梯是带有防烟前室的封闭楼梯间，需要推开两道防火门才能进入楼梯，两道防火门之间的前室设有防烟排烟设施，通过增压送风装置使楼梯间及前室内的气压大于前室外的走道，避免燃烧带来的有害气体进入楼梯间。

根据现行国家标准《建筑设计防火规范》（GB 50016—2014），建筑高度超过 100 米的公共建筑必须设置避难层。当意外发生时，来不及疏散至地面或行动不便的人可以在避难层稍作停留，等待消防人员的救援。避难层中设有消防栓、自动喷水灭火装置、防毒面具、应急照明系统等消防设施，被誉为"生命安全岛"。

海天中心中塔楼共有 7 个避难层，分别设置在 L6、L20、L32、L44、L56、L66 和 L79，西塔楼有 3 个避难层，东塔楼有 4 个避难层。为什么这样设计呢？根据现行国家标准《建筑设计防火规范》，从建筑物首层到第一个避难层的距离不应超过 50 米，因为我国大部分地

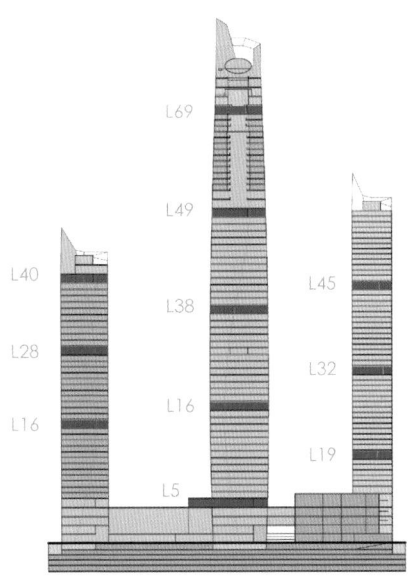

区登高消防云梯的提升高度为 50 米，首个避难层必须便于使用云梯车实施消防救援。相邻两个避难层之间的高度也不能超过 50 米，这是基于普通人攀爬楼梯的体力消耗，以及各种消防设施的使用管理要求而确定的。避难层的面积按照每平方米 5 人的指标进行设置，建筑面积越大、容纳人员越多，避难层的面积也应越大。

在应急疏散的过程中，消防楼梯每遇到避难层都会人为地中断，人们必须穿过避难层才能继续下行。一方面，这个设计是为了避免火灾中因匆忙逃生而错过避难层；另一方面，火灾发生时，由于烟囱效应，火势会迅速沿着竖向空间（如电梯井道、中庭、楼梯井道等）垂直向上蔓延，避难层的出现能截断烟囱效应的危害，隔绝火势与有害气体。

避难层的外围护结构也不同于普通楼层，温暖地区通常采用敞开式或半敞开式，利用自然通风条件进行自然排烟；寒冷地区多采用封闭式，四周为耐火墙构造，防止烟气和火焰的侵害，并免受外界气候的影响。因此，往往可以从建筑物外观上辨识出避难层的位置与数量。

在实际工程中，在确保安全的前提下，往往会精打细算地将避难层和其他建筑功能整合在一起。海天中心的避难层还身兼避难设备中继站和结构加强层共三重职能。

↗
海天中心根据每平方米 5 人的标准规划了充裕的避难层，在意外灾害发生时，避难层就是生命绿洲，为应急救险赢得时间。

设计理念

9 546 樘层叠式幕墙卷起千层浪

> 为实现建筑造型并获得无遮挡的景观视野，中塔楼的全单元层叠式玻璃幕墙采用了独特的构造设计与装配方式，由 9 546 樘单元板块营造出碧波万顷、浪涌千层的意象。

中塔楼的全单元层叠式玻璃幕墙塑造了青岛海天中心独一无二的标志性形象，它们如龙鳞般随着建筑的扭转交错排列，中塔楼每个标准层有 130 余樘单元幕墙，共有 9 546 樘单元板块，营造出碧波万顷、浪涌千层的意象。

除了独具特色的造型之外，中塔楼的幕墙还隐藏着很多奥秘。首先，近万块幕墙单元在三维空间上无一共面，随着端点逐层位移而旋转摆动，互相交错的尺寸和角度也发生着微妙的变化，南北立面最大错位达到 0.5 米。为了精确地加工每一片幕墙，工程师首先利用建筑

BIM 模型进行空间定位和现场放线，然后将加工尺寸输入数控机床进行精确的切割与抛光，最后回到现场制作样板并验收。

此外，为了让室内获得不受阻隔的开阔视野，幕墙单元采用上下双挂点的安装方式，下挂点固定于承载力较强的楼板面，上挂点悬挂于钢梁，钢梁与主体结构梁相互连接。在安装过程中，为了吸收结构偏差，幕墙单元的上下挂点均采用了三维可调的铝制连接件，可根据每一块幕墙的情况现场调节，保证了幕墙的安装精度。

单元幕墙的可视部位是玻璃，而框架和衔接构件是铝板。铝板的导热系数较高，为了提高保温性能，选用了国际领先的低传热超薄隔热材料保护外露的型材。玻璃则采用了三层双中空填充惰性气体的镀银 Low-E 玻璃，确保了整体幕墙单元的低能耗。

↗
幕墙单元采用上下双挂点，下挂点固定于楼板，上挂点悬挂于钢梁，工人们正在一樘接一樘地安装幕墙

←
9 546 樘层叠式单元幕墙交错偏转，无一共面。

44个折向窗让所有房间都看见海

| 西塔楼和东塔楼分别采用了24个与20个折向窗，使东西立面虽侧身向海，亦能拥有朝向海景的窗口视角。

如果仔细观察会发现，海天中心三座塔楼身披两种不同款式的"外衣"，最高的中塔楼周身是龙鳞般的层叠式单元幕墙，而西塔楼、东塔楼外墙呈现为连续而曲折的带型幕墙。其中，西塔楼每层24个折向窗和东塔楼每层20个折向窗的设计是致敬"老海天"经典窗型。虽然建筑侧身面海，但是曲尺形的窗户也使内部客房都能充分地获得不同维度的海景。

自下而上逐层摆动的建筑造型带来了角度复杂多变的幕墙转角单元。经统计，西塔楼和东塔楼共有8 000余块幕墙单元板块，其中异

形转角板块的比例高达 35%,成倍增加了型材开模数量以及设计施工定位难度。因此,在进入施工阶段之前,海天中心对塔身转角单元进行了一番优化设计,使其能适应更大的角度变化。

为了进一步优化幕墙在长期使用中的气密性与防水性能,工程师们发现公立柱的插腿对单元立柱适应角度的限值范围会产生直接影响,因此,重新设计插腿便成了解决问题的关键。转角区域单元立柱通过可转动的插腿进行角度调节,插腿与立柱槽口之间加入通长三元乙丙胶条保证气密性。经过对转角立柱的适用范围的极大值与极小值的放样对比,确认该节点功能完整、防水可靠。这个经过优化的细节可适应 ±1.5° 的角度变化,减少了幕墙型材种类,节省了工期和成本,同时也完整地实现了最初的设计构想。

→ 折向窗内景,让每个房间一览无余地看到海景。

← 逐层错动的幕墙转角与上下幕墙与结构衔接构造。

设计理念

幕墙"呼吸"的 3 种方式

> 海天中心采用幕墙开窗、新风系统和幕墙通风器 3 种方式，将自然通风、机械通风与半机械通风相结合，让房间内的人们可以根据自身需要选择适宜的通风方式，随时获得新鲜空气；同时也可以交给"楼控管家"，通过监测分析，实时调整室内的空气质量。

不少早期的高层建筑为了追求气密和节能，把玻璃幕墙设计成密闭不可开启的式样，虽然外表时尚光鲜，室内却成了闷罐子，只能通过机械通风设备获得空气流通。21 世纪初的几场流行病使人们意识到楼宇中央空调会带来交叉感染的风险，开始关注摩天大楼内部高密度人居环境的公共卫生问题。

海天中心早在规划阶段就希望改变高层建筑完全依赖机械通风的普遍状况，能将室外的新鲜空气直接引入室内。然而对于超高层建筑来说，幕墙开窗会带来一系列风险。首要危害是烟囱效应，高区开窗会使楼宇烟囱效应加剧，影响电梯设备运转；开窗换气也不利于节能；在极端天气下会埋下物件坠落等安全隐患；显而易见地还会增加建设成本与工程难度。

"幕墙通风器"的发明，解决了幕墙开窗的各种弊病，同时也使每个房间能直接获得室外新鲜空气。它是镶嵌在幕墙上的一个"呼吸口"，与幕墙外桩融为一体，位置通常靠近地面，可以手动或自动控制开闭。通风器自带过滤系统，可过滤外界粉尘和污染物，阻止蚊虫进入；内部装有隔音材料，可以有效降低气流噪声。与开窗换气相比，通风器流量可控，有利于节能，无论室外刮风下雨，都能安静而有效地工作，保持 24 小时不间断地换气。

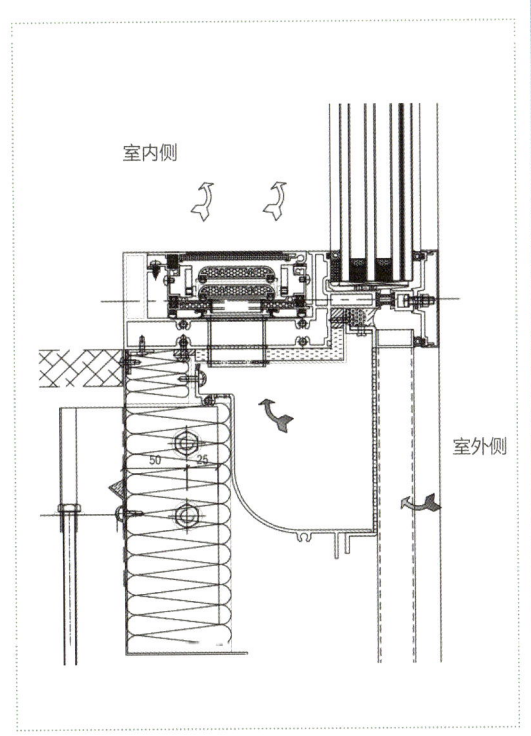

↑
幕墙通风器原理。

↗
幕墙通风器在幕墙上的运用,可实现全天候不间断的换气。

幕墙通风器

　　海天中心根据业态特点,综合运用了开窗、幕墙通风器和新风系统三种通风手段。西塔楼顶部办公区域和东塔楼住宅区域在玻璃幕墙上设计了可开启的窗扇,更贴合居家生活习惯,并使用限位器约束开启幅度,防止高空坠物意外发生。中塔楼和西塔楼的海天大酒店采用幕墙通风器,安全稳定,无需照管。新风系统则运用于整栋大楼,并结合智能楼控系统,实时感应室内环境中 PM2.5、CO 等有害物质与 CO_2 的含量,智能调节送排风强度,将经过过滤的新鲜空气送入室内。

　　海天中心巧妙结合自然通风与机械通风的最新技术手段,打出一套漂亮的通风"组合拳",获得宜人的室内环境和良好的使用体验。

延伸阅读

烟囱效应

建筑中的烟囱效应是指户内空气沿着有垂直坡度的空间向上升或下降，造成空气加强对流的现象。正如火炉、锅炉运作时，产生的热空气会随着烟囱向上升，在烟囱的顶部离开；同时，因为烟囱中的热空气散溢而造成的气流，又会将户外的空气抽入填补，令火焰燃烧得更猛烈。

在多层民用建筑的设计中，经常利用烟囱效应帮助建筑通风。例如，把卫生间等需要通风的空间设置在平面的凹入处，借助建筑形体形成的烟囱，起到自然拔风的效果。有些双层玻璃幕墙的建筑，如上海中心，也是利用烟囱效应，在阻挡热量传递的同时也实现了自然通风，有利于节能。

但对于高层建筑而言，更多时候，烟囱效应是个需要回避的现象。尤其在寒冷地区，冬季强烈的烟囱效应可能导致电梯营运故障、电梯井道拔风、啸叫、电梯门难以关闭，以及空调能源浪费等问题。

海天中心采用了多种方法防范潜在的烟囱效应。首先是提高幕墙围护结构的密封等级，此举能有效地削弱烟囱效应的作用强度，降低各层电梯门的压差。在需要通风的场合，借助通风器这样的"机关"取代直接对外开启的窗户，使楼宇内的气流始终处于较为稳定可控的状态。其次，首层厅门的设计和状态对烟囱效应影响显著，其开闭状态对首层电梯门压差影响较大。冬季室内冷空气的来源是建筑的各个入口，尤其是中塔楼直接落地，因此它的门厅采用了高品质的旋转门和双层防风门，即使在大风天气也能有效地把冷空气抵挡在外。在梯厅设计中，采用"迷宫门"的结构，减小四周的空气流动。最后，在电梯设备的选用上，海天中心配备了功率更为强大的重型门机，即便受到烟囱效应的影响，可控的门机关闭力矩也能保证电梯门的正常关闭。

→
入口处的旋转门和防风门斗有助于避免冬季烟囱效应。

设计理念

35 种玻璃的应用博物馆

> 海天中心的外表看似由均质的玻璃幕墙铺就,实际上整座建筑运用了多达 35 种不同性能、不同工艺的玻璃,满足各个空间、各个部位的需求,堪称一座玻璃应用的博物馆。

普通玻璃的成分主要是二氧化硅,由于含有铁离子等杂质而呈现轻微的绿色。人们通过在原料里加入氧化剂,或选用不含铁的原料,制成清澈透明的"超白玻璃",其透光率高达 91.5%,被誉为玻璃家族的"水晶王子"。超白玻璃由于成分均一,自爆率也极低,海天中心的所有玻璃都是以超白玻璃为基片制造而成的。

作为易碎品,安全是建筑玻璃的第一要务。海天中心的玻璃普遍采用钢化、半钢化和夹层工艺,满足基本的安全需要。三座塔楼玻璃幕墙的可视部位大多采用三层 8 毫米厚双中空玻璃,配以双银 Low-E 镀膜工艺,中空层填充氩气并使用不锈钢暖边间隔条和分子筛,既满足视线的通透,也具有良好的保温隔热性能。塔冠部位使用离子性材料合成夹层玻璃并搭配彩釉工艺,形成半透明的效果,能在夜间像灯笼一样散发出朦胧柔和的光晕。裙房立面中彩釉玻璃与清玻璃交替构图,形成节奏和韵律。中塔楼的三座全玻璃观光平台采用共 4 层单片厚达 15 毫米的超白钢化夹胶玻璃,采用优质 SGP 胶片设计,总厚度达 66.84 毫米,提供足够的安全保障。塔冠的球形采光顶整合了中空夹层玻璃、Low-E 镀膜工艺和电致变色集成线路,是整座建筑中科技含量最高的玻璃。

细数起来,海天中心总共运用了 35 种不同配置的玻璃,它们和而不同,协奏海之韵的乐章。

→
35 种性能各异的玻璃实现了通透、安全、坚固、节能,协奏海之韵的乐章。

幕墙四性试验

高层建筑的幕墙都是按照造型设计、性能要求等量身定制的产品，因此在工程设计完成后，幕墙批量生产和安装之前，对幕墙性能进行测试是必不可少的环节。

所谓"幕墙四性"指的是幕墙气密性、水密性、抗风压性能及平面内变形能力。幕墙气密性是指在风压作用下（幕墙可开启部分处于关闭状态时）幕墙整体阻止空气渗透的能力。水密性是指幕墙在风雨同时作用下，阻止雨水渗漏的能力。抗风压性能是指幕墙在风压作用下，幕墙变形不超过允许值且不发生结构损坏（如裂缝、破损、局部变形、黏接失效等）及五金件松动、开启困难等功能障碍的能力。平面内变形能力是指幕墙在楼层反复变位作用下，保持墙体及连接部位不发生危及人身安全的破坏的平面内变形能力。这些性能决定了建筑幕墙是否安全可靠，室内空间是否舒适节能。

← ↗
海天中心城市观光厅玻璃盒子在国家幕墙检测试验中心开展四性试验的现场。

  建筑幕墙检测将幕墙单元试件按照设计标准与施工规范，装配固定在试验现场的安装架上，并连接数据采集系统。通过各种大型设备，如巨型风机、高压喷水装置、震动台等，模拟自然界的风、雨、地震等现象，并提供不同的组合效应，检测幕墙的各项性能是否满足设计指标。幕墙试验的结果为设计优化、工艺改进提供依据，施工人员也能够通过幕墙试件的组装过程熟悉掌握操作工艺和方法。

  2018年2月，海天中心在河北高碑店国家幕墙检测试验中心试验基地开展幕墙四性试验。北方隆冬季节的极寒天气，正是幕墙四性测试的绝佳环境。试验台上模拟的十多级大风伴随着淋水呼啸而来，现场的温度让滴水瞬间成冰。经过两天一夜的奋战，试验取得了圆满成功，为后续顺利实现幕墙全面安装奠定了基础。

107 部电梯编织垂直交通网络

> 超高层城市综合体是一座"垂直城市",电梯就是垂直城市中的立体交通网络。海天中心拥有 107 部不同规格的电梯,服务于各个业态和场景,通过智能控制系统高效协作,有条不紊地维系着垂直城市的交通运转。

电梯系统设计是超高层建筑的核心技术之一。从运输的角度,电梯固然越多越好;而从建筑综合使用效益的角度,核心筒面积越小越好。作为超高层建筑"脊椎"的核心筒,在有限的空间内紧凑地容纳着电梯井、设备管道和各类辅助用房。电梯系统设计需要通过合理的平面布局与停站设置,在运输效率和空间占用之间取得最优解。

海天中心复杂多样的业态又对电梯系统提出更高要求——首先,各个业态的垂直交通需要独立运行,互不干扰;其次,各业态对电梯的数量、性能要求不一,写字楼电梯要经受通勤高峰的考验,观光电梯要满足超高速、长距离的平稳运行要求,酒店电梯注重落客体验,住宅电梯讲究隐私保护,服务区电梯则追求载重量和灵活调度。

海天中心共拥有 107 部各种型号的电梯和扶梯,不仅数量惊人,规格亦罕见,可以说展现了当代最先进的电梯设计制造水平。例如,通往中塔楼塔冠观光层的是 4 台速度 8 米/秒的超高速电梯,能在短短 40 秒内把游客送上 330 多米的高空。写字楼使用了 4 台速度为 6 米/秒的可调间距双轿厢电梯作为穿梭电梯,频频往来于跃层的地面大堂和空中大堂,配合分区分段运行的高速客梯,能够在高峰时段有效分流通勤人群。后勤区域配有 1 台速度为 6 米/秒的双模式货梯,可以在高速低载重和低速高载重两种模式间切换,实现一梯两用。

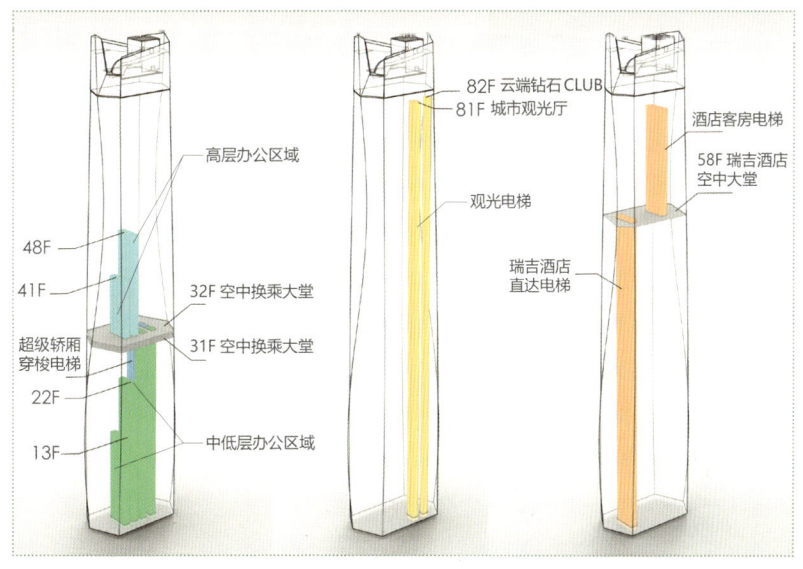

↑
目的楼层控制系统把楼层选择面板从轿厢移至梯厅。

↗
中塔楼为三种业态设计了三套电梯系统。

值得一提的是,海天中心写字楼电梯采用了先进的"目的楼层控制系统"。楼层选择面板安装在候梯厅,电梯轿厢内则不再设置楼层选择按钮。当乘客输入目的楼层后,只需按照面板上显示的信息搭乘指定电梯,便能直接到达目的楼层。甚至在乘客进入候梯厅之前,通过人脸识别的智能闸机时已完成自动派梯步骤,大大提升了候梯体验,理论上可提高 20%~30% 运载能力。

等候时间 ≤35 秒的超级双轿厢穿梭电梯

> 为了纾解高峰通勤压力，海天中心超 5A 甲级写字楼采用双大堂设计，4 台超级双轿厢电梯作为穿梭电梯往返于地面大堂和 31、32 层的空中大堂，将平均等候时间缩短至 35 秒。

海天中心中塔楼核心筒形状窄而长，为了优化核心筒空间布局，减少电梯数量，提高电梯运输效率，采用了"穿梭电梯＋区间电梯"的配置组合，并运用"井道叠加"原理，使核心筒内的空间得到最大化利用。

传统的电梯在一条井道中仅能容纳一个轿厢，通过轿厢上下往返将乘客送达目的楼层。要提高运载效率，唯有增加电梯井道数量，但相应地又会增加建筑面积和造价。80 多年前，奥的斯电梯公司受到

超级双轿厢电梯利用剪刀原理改变上下轿厢的间距。

安装调试中的超级双轿厢电梯。

双层公共汽车的启发，发明了双轿厢电梯，在同一电梯井道内设有上下两个电梯轿厢，为建筑节省了30%~50%的井道空间，提升建筑的使用面积。但是初期的双轿厢电梯，两个轿厢之间的间距是固定的，只能在建筑层高相同的情况下使用。如何增加双轿厢电梯的灵活性与独立性？工程师从剪刀的开合中获得灵感，进一步发明了可伸缩式双轿厢电梯，在两个轿厢之间安装了形似剪刀的伸缩连杆装置，可适应不同高度、不同间距的楼层停靠。这一发明被称作"超级双轿厢电梯"。

海天中心超5A甲级写字楼采用了4部奥的斯超级双轿厢电梯作为穿梭电梯，负责将前往高区的乘客从层高9米的地面跃层大堂运送至层高6米的31、32层空中跃层大堂。乘客只需再换乘区间客梯即可抵达目的楼层。一部超级双轿厢电梯一次可搭乘42人，避免了高峰期的拥挤与长时间等待。

通过大数据采集和计算机软件模拟，海天中心不断优化电梯设计，把写字楼平均电梯等候时长控制在35秒之内，达到五星级酒店的标准，将超高层写字楼的候梯体验从焦灼的等待变成便捷的享受。

设计理念

BIM 技术建造 3D 数字大厦

> 海天中心通过 BIM 技术，将建筑、结构、机电、设备、幕墙等各工种的设计与施工模型整合在一个系统之中，相当于实际施工的数字预演，将问题防患于未然。BIM 技术仍会持续应用于运维阶段，结合数字楼控系统，让运维更精准与高效。

建筑信息模型（Building Information Modeling，BIM）被业界认为是继 CAD 技术将手工制图转变为电脑制图后，工程设计领域又一重要的技术革命。BIM 将传统的二维图纸转化为三维图纸，将平面线条转化为构件信息，它改变了建筑、结构、机电等专业各自绘制图纸的传统工作模式，各专业工程师基于同一个三维模型开展深化设计并互相整合。图纸的使命也从设计交付延伸到构件生产、现场施工和建成后的长期运行，覆盖了建筑的整个生命周期。

海天中心在设计与建设过程中，协调各个参建单位成立了 BIM 工作室。在深化设计阶段，协调了建筑师、结构工程师、机电工程师、幕墙工程师等各专业进行协同设计。通过三维模型可以直观地检查出结构、设备、管线之间的碰撞，并及时修正，大大提高了设计施工的沟通效率，将可能导致返工的差错遏制在数字模拟阶段，减少资源浪费，也缩短了工期。

在构件生产过程中，利用 BIM 构件可视化与全信息化的优势，能将每一个构件的信息精准地传递给生产单位，通过数字化加工设备预制加工出厂，每一个构件均拥有一张独一无二的"数字身份证"，保证其运抵现场后能快速准确地进行装配，完美解决了多元业态下的设备复杂、节点多样、协调难度大等问题。

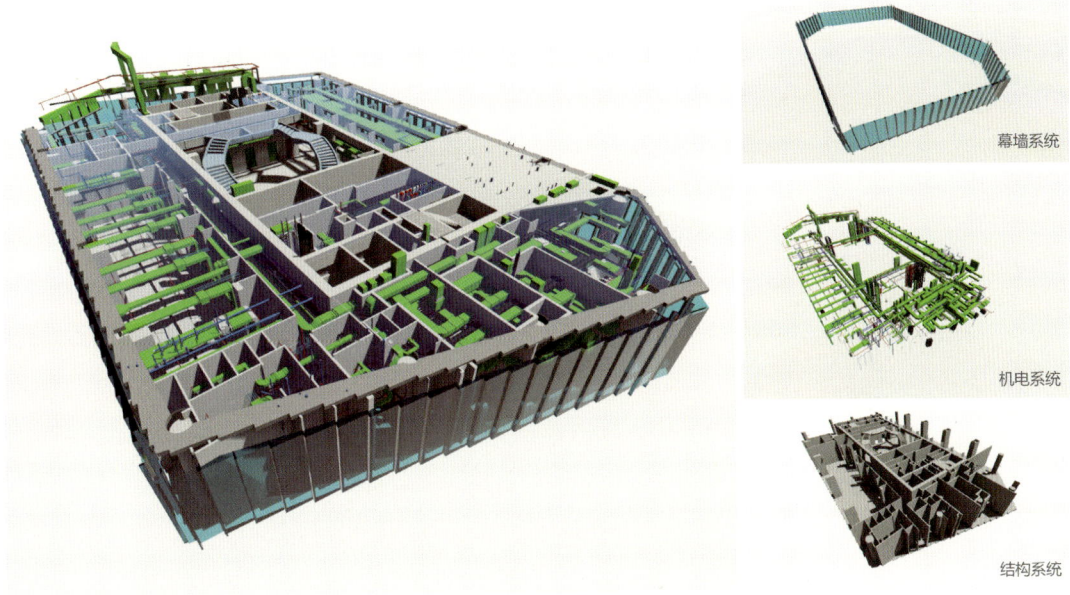

幕墙系统

机电系统

结构系统

在现场施工阶段，利用三维激光扫描技术，对复杂的结构节点进行现场扫描，将扫描结果生成的数字模型与 BIM 设计模型进行比对、查验，如发现施工误差，现场就可以采取纠正措施。例如，在大宴会厅屋顶整体提升过程中，就利用全息投影技术将 BIM 投影在施工现场，模拟了空间桁架整体提升的过程和位置，预演可能出现的状况，使整体提升工程一次成功。

BIM 如同在电脑中完整地搭建了一座虚拟的海天中心。作为真实的海天中心的"数字孪生"，小到幕墙的一个零件，大到制冷设备的型号、尺寸与运行数据，全都分毫不差地同步出现在三维数字模型中，为海天中心的精准设计、有序建造和高效运维起到了重要的辅助作用。

↑
BIM 将传统二维图纸转化为三维图纸，将平面线条转化为构件信息，也使各专业工程师在同一个数字平台开展高效协作。

建造追问

超高层建筑是一项具有系统性的复杂工程,其建造战高空、斗风雨、逐工期、保质量。海天中心在国际标准的整体定位下,系统性地提出了总体经济技术指标与多专业技术要求。据此,涌现出不胜枚举的工艺创新,实现了一项又一项技术突破。在窄带物联网、3D 扫描、BIM 等先进工程技术的辅助下,海天中心深挖 32 米的超大基坑,利用"跳仓法"浇筑 12 000 立方米混凝土大底板,借助爬模、爬架和混凝土高空泵送技术建构起总高度超过 800 米的结构体,吊装 50 285 吨钢构件和数万片幕墙……完成了一项又一项工程挑战,以每天 0.5 米的速度向云端伸展,将梦想化为现实。

凌晨 **5** 时

24 小时

80 万立方米

100 立方米

45 分钟

700 平方米

357 米

1100 吨

600 余吨

72 米

70 项

180 千赫兹

1462 天

凌晨 5 时作别老海天

> 2013 年 6 月 10 日清晨 5 时 16 分，陪伴了青岛 25 年的"老海天"在低沉的爆破声中徐徐倒下，成为一代人永久的回忆。市民带着些许怀恋与不舍，期盼崭新的城市地标从地平线上升起。

时光倒回 2011 年，随着海天中心规划方案逐渐明晰，老海天大酒店的拆除提上了议事日程。青岛市民对老海天怀有深厚的感情，老楼的拆除也牵动着市民们的心。

老海天位于高密度的城市中心区，建筑体量较大，结构尚且坚固，拆除绝非易事。海天中心组织国内爆破专家和企业对项目体量、区位和复杂程度进行充分评估，最终选择"单向折叠爆破"方案来拆除老海天大酒店的一期、二期主楼。这一方法能够使楼房边倒塌、边解体，适用于倒塌空间十分有限的爆破项目，且相比于定向爆破，能远远减

← ↑
老海天在晨曦中徐徐倒下，市民怀着一丝不舍，期待新的城市地标冉冉升起。

小了对地面的冲击力。在实际爆破中，通过在倒塌一侧装填较少量的炸药，可以引导位于东侧的二期主楼向西侧倒塌，位于西侧的一期主楼向东侧倒塌。此外，巧妙利用时差，首先破坏建筑的竖向结构，然后破坏建筑的水平结构，加之倒塌过程中结构的自重力量，在倒塌过程中充分实现结构空中解体。采用这一爆破方案，既削弱了大体量结构一体落地时对地面造成的冲击与振动，也大大减少了后期拆解破碎物的工作量与时间。为了确保万无一失，建设团队还根据爆破方案制作了动画模拟，直观地演示爆破效果。事实证明，爆破设计与控制非常成功，爆破现场完全符合动画模拟过程。

老海天的左邻右舍是当时建成不久的高层住宅和银行大楼，银行机房系统对振动有严格的限制；北侧又有在建的地铁隧道，距离仅10米左右，部分结构刚刚完成开挖和结构被覆，因此对振动也有严格的限制。爆破工程采取了针对性的防护措施，在敏感区域均布设了振动检测设备。

爆破时间选在2013年6月10日清晨。爆破前的三天适逢高考，爆破后两天是中考，而10日适逢端午节假期，生产生活影响相对较低。根据天气预报，当天盛行北风，伴随小雨，有利于爆破后烟尘向大海方向飘散降落。清晨5点多钟市民出行较少，交通暂停的压力不大，正是实施爆破的最好时机。在一阵沉闷的轰鸣中，伴随了青岛25年的老海天徐徐倒下，也喻示着浮山湾的历史翻开了新的一页。

24 小时不间断自动化监测

> 海天中心基坑监测工程中应用了基于全球导航卫星系统的测量机器人技术，实现了 24 小时不间断地对基坑桩顶位移的自动化监测。高精度、高频次的数据采集搭配物联网技术，使工程人员能实时掌握现场工况。

老海天爆破拆除后，建设基地还要进行进一步的爆破开挖以达到设计的深度和范围。海天中心地下室开发范围北部距离地铁隧道轴线仅 16~21 米，相当于 3~4 个停车位的长度，东侧距离华银大厦仅 12 米，西侧距离青岛万丽海景仅 15 米，周边通信、光纤、电力、供水设施管线密布。因此，基坑工程施工稍有不慎，就会影响周边建筑，或造成城市基础设施瘫痪，损失不可估量。

为了保障施工安全，海天中心在基坑监测工程中应用了基于全球导航卫星系统的测量机器人技术。全球导航卫星系统的工作原理是实时测量从卫星到用户接收机之间的距离，综合多颗卫星的数据，就可以计算出接收机的具体位置。这种测量方式可以实现高频、高精度的自动化监测。

测量机器人又称自动全站仪，是一种集自动目标识别、自动照准、自动测角与测距、自动目标跟踪和自动记录于一体的测量平台。海天中心采用了目前最尖端的莱卡 TS60 机器人，对深基坑进行 24 小时全天候不间断测量，对水平与竖向位移、锚杆轴力、周边建筑物沉降、地表及管线沉降、爆破振动等数据进行实时监测。这也是青岛市第一次运用该技术。

相较于传统的人工监测，自动化监测有不少显著优势：机器人可

↑
海天中心位于高密度城市中心区，地下室开发范围距离地铁隧道和相邻建筑非常近，周边通信、光纤、电力、供水设施管线密布。

实现 24 小时不间断实时监测；不受降水、严寒等恶劣天气的影响；也不受现场施工干扰。工程现场只需预设观测频率，即可进行自动化数据采集。现场采集后的数据也会自动传输至数据平台，通过程序实现自动处理和数据展示。工程人员可随时通过手机、平板、电脑等平台查看数据及变化曲线，实时掌握现场工况。全自动化检测技术采集频率达到 10 次 / 秒，如此高频次的监测不仅能大幅降低差错出现的概率，还能对大量数据进行复核平差，使得数据可靠性大大提高。一旦发现数据异常，检测系统能自动分级发送预警短信，交由项目管理人员处置。

海天中心的基坑监测过程历时 34 个月，共产生了 6 次预警。每次预警都立刻发送给相关技术人员及时分析处理，有效排除了工程隐患，助力这项超级工程安全、有序地稳步建设。

80 万立方米土石方外运

> 巨大的地下室基坑开挖产生了 80 万立方米的土石方，为了确保这相当于半座青岛小鱼山体积的土方可以高效、有序、环保地外运，海天中心研发了"Z"字形装配式大坡度钢栈道，在局促的场地条件下将所有土方在短时间内运出，并在最大程度上降低了对城市环境的干扰。

随着深度 32 米的地下室基坑陆续爆破开挖，产生的土石方量达到了 80 万立方米，体积足足相当于半座青岛小鱼山。而建设工地位于局促的城市中心区，双侧紧邻城市干道，特别是南侧的东海路还是城市景观大道，白天禁止工程车通行。如何在有限的条件下将土石方安全、快速地运出，保证施工进程，成为横亘在建设者面前的一道难题。

为了快速转运土方，让运输车辆能够直达基坑、上下自如、迅速中转，海天中心研发设计了"Z"字形可周转装配式大坡度钢栈道，它克服了场地狭小的难题，重型车辆可通过钢栈道直接下到基坑内，

↗
地下室开挖深度足足32米，产生土石方近80万立方米。

←
装配式钢坡道为基坑施工整个过程的重型车辆通行提供了保障，加快了地下室结构施工进度。

及时把施工产生的土石方运出，在短短20天内就完成了10万立方米的土方外运。钢栈道的建造运用了贝雷片（berea piece）技术，它是第二次世界大战时期英国工程兵贝雷发明的一种简易拼接式桁架，在战争中可以快速地架设桥梁，具有构造简单、架设快捷、载重量大、适应性强等优点。贝雷片搭接成的"Z"字形桥梁集约利用了有限的空间，在"Z"字的中间仍能够穿插布置塔吊等机械设备。

通过钢栈桥，数十辆土方车在昼夜不停地来回穿梭，将土方送出施工现场、运抵城市指定土方回收地点。每一辆土方运输车在离场前都经过仔细清洁与检查，减少扬尘与弃土，以保证城市环境干净整洁。

每小时 100 立方米浇筑海天速度

> 为了保证基础的整体性与密闭性，海天中心大体积混凝土底板浇筑采用"跳仓法"，在网格划分的底板上间隔浇筑。在高效浇筑与高度协同性的要求下，海天中心单台设备浇筑速度达到每小时 100 立方米，在 36 小时内，完成了 12 万立方米的混凝土浇筑。

基坑开挖清运完成后，接着就要建造大楼的基础了。海天中心的基础采用"平板式筏形基础"。它如同一只盘子反扣在地面上，将上部荷载均匀地传递给大地。一般来说，建筑高度越高，底板结构就越厚，相应的混凝土方量也越大。海天中心底板整体厚度超过 3 米，局部达到 8 米，总混凝土方量超过 25 万立方米。

为了保证大体积混凝土底板的整体性，同时兼顾工期和成本，海天中心采用连续无缝一次浇筑的施工方式，这就需要充分的技术准备和高效的施工管理来保证结构质量安全。大体积混凝土底板连续浇筑犹如一场三天三夜不间断的战役，必须在行军打仗之前，做好人力、机械、物料与组织的充分准备。施工指挥部好比司令部，统筹协调各

类人员队伍（包括混凝土工、架子工、木工、杂工、交通指挥人员等）与各类物资设备（包括溜管、伸缩式皮带输送机、汽车泵等），做好施工场地内的交通组织与平面布局，合理规划各类车辆的运输路线与下料路线，保证过程中所有人、机械和物料都能良好运转。

"工欲善其事，必先利其器。"在有限场地内，海天中心结合混凝土溜管浇筑技术及伸缩式皮带输送机混凝土浇筑技术，实现了基础底板大体积混凝土的快速浇筑。混凝土浇筑采用斜面分层浇筑的方法，在厚达 5~6 米大体积混凝土中分层浇筑，且具有一定的倾斜度。该方法必须严格把控时间，每个浇筑点混凝土的浇筑时间必须小于混凝土的初凝时间，后一层混凝土一定要将前一层混凝土完全覆盖住，以避免冷缝的产生。在第一次混凝土振捣完成之后、初凝之前，进行二次振捣，通过二次振捣改变混凝土的内部结构，增加混凝土表面的密实度、强度与耐久性。平整后对混凝土进行抛光，保证混凝土表面的密实度与光洁度，防止龟裂。

这项基于各类人员、机械、物料形成了混凝土浇筑的"立体矩阵"，完成了多个区段有序穿插作业，打赢了漂亮的一场战役，在 36 小时完成 12 000 立方米混凝土浇筑，伸缩式皮带输送机单台设备浇筑速度突破每小时 100 立方米，创造出"海天速度"的工程纪录。

利用混凝土溜管浇筑技术及伸缩式皮带输送机混凝土浇筑技术，实现了基础底板大体积混凝土的快速浇筑。

海天中心底板整体厚度超过 3 米，局部达到 8 米，总混凝土方量超过 25 万立方米。

延伸阅读

跳仓法

随着建筑工程规模增大，超长、超宽、超厚的大体积混凝土结构施工问题浮出水面。大体积混凝土不可避免地会产生有害裂缝，为了控制裂缝，传统上采用设置"后浇带"的方法，即将整体结构分段浇筑，之间留设施工缝，等混凝土凝结收缩后再浇捣施工缝，将结构连成整体。后浇带法有一些明显的缺点，如停工时间长，结合面处理难度大，清理垃圾难度大，且对结构的整体性、抗震性、抗渗性都存在不利因素。

"跳仓法"的发明解决了后浇带的问题。它的基本原理是将超大的混凝土体量分为若干小块"仓体"间隔施工，而块体的大小以不开裂为原则，通常小于 40 米。所谓"跳仓"，是跳跃着同时施工两个不相邻的仓体。经过短期应力释放，再浇筑剩余的仓体，最后将所有仓体连成整体，依靠先浇筑的仓体的混凝土抗拉强度，来平衡后浇筑的仓体的温度收缩应力。"跳仓法"问世后主要用于大型工业建筑的地下工程和水利工程，近些年来也大量应用于民用建筑。

二次混凝土浇筑区域
首次混凝土浇筑区域

↑
跳仓法浇筑地下结构大体积混凝土施工现场。

←
跳仓法施工原理简图。

　　海天中心地下六层，地下建筑面积约15万平方米，单层面积近3万平方米，如果按照传统留设后浇带的方法施工，需要将每层划分为14个区段，后浇带总长度将达7 000米。除了施工周期长之外，还会带来一系列质量问题，例如，后浇带处防水卷材破坏会导致地下室渗漏；后浇带处钢筋锈蚀会带来结构安全隐患；后浇带内垃圾残留清理困难会影响浇筑质量；后浇带封闭周期漫长，会导致后续工作无法开展，影响工程推进；等等。

　　为了破解这道行业难题，海天中心邀请知名混凝土专家王铁梦参与研讨，最终确定选用"跳仓法"代替温度后浇带法进行地下室结构施工。"跳仓法"的应用解决了传统施工法的问题，加速了工程推进，且经过后期验证，地下室渗漏极其罕见，地面裂缝轻微，经济效益良好，"跳"出一方新天地。

45 分钟爬升一层的扭动立面爬架体系

> 为适应逐层错动的建筑造型，海天中心西塔楼、东塔楼的建造采用了可变角斜向爬升全钢附着式升降脚手架，能实现左右倾斜、上下俯仰的"自由攀爬"。这一巨大的钢铁爬山虎向上攀爬一层的自身建造时间仅需 45 分钟。

超高层建筑的脚手架也称"爬架"，它附着并固定于建筑的主体结构之上，犹如一条巨型的钢铁爬山虎，通过"铆钉触角"稳固于建筑楼板结构之上，向上攀爬。然而，海天中心西塔楼、东塔楼平面逐层错动，在南北立面上形成海浪般的曲线，传统的爬架一般垂直于地面，无法贴合海天中心在三维空间中扭动旋转的造型曲线。工程师为此研发了一种可变角斜向爬升的全钢附着式升降脚手架，不仅可以垂直向上"攀爬"，且能在一定角度范围内左右倾斜、上下俯仰，最大程度上贴合立面曲线，确保落成后结构呈现逐层错动的渐变效果。

海天中心的爬架可通过调节预埋件位置和南北立面上爬架的可调节牛腿来实现斜向爬升。此处，"牛腿"形式类似于传统建筑中的"梁托"或"撑拱"，通过它可以调节每一个连接点的倾斜角度，从而实现斜向爬升。海天中心的爬架易于调节、便于操作，因而爬升速度快，只需 3 人配合操作，即可在 45 分钟内自身提升一层，保障了施工效率，相对于传统的钢管式外脚手架工期提升了约 40%。

海天中心采用的可变角斜向爬升脚手架技术，在保证安全的前提下，显著提升了施工质量，填补了国内在可变角斜向爬升脚手架技术的应用空白。近年来，超高层建筑造型越发多样，异性与非常规造型层出不穷，该技术具有十分广阔的应用前景。

> 建造中的西塔楼可变角斜向爬升的全钢附着式升降脚手架，可以根据上面造型倾斜一定角度。

700 平方米的"空中航母"

> 集成桁架（液压）平台式爬模系统犹如一艘 700 平方米的航空母舰，它通过钢构件与核心筒连接，通过液压抬升，搭载一线工作人员和无数机械、物料，将中塔楼核心筒以 5~7 天一层的速度向上爬升凌空耸立。

海天中心中塔楼采用了钢筋混凝土与钢结构组成的混合结构体系，竖向结构体系主要由内层核心筒剪力墙结构与外层框架结构组成。核心筒位于整个结构的中心位置，在平面上呈长方形，自下而上经由 5 次平面收缩变化，平面形态从 40 米 ×17.2 米缩小至 38.2 米 ×15.45 米，内部空间划分从 5 个部分减少为 4 个。同时，通过在核心筒墙角与交叉部位预埋钢柱和钢桁架等结构，最终与外层采用钢管混凝土柱的框架结构形成核心筒—框架结构体系。由于核心筒结构形态发生了变化，且自下而上设置了五道伸臂桁架作为横向连接加强结构，以及工序交叉作业等多种复杂因素，普通的脚手架模板系统在空

↑
平台式爬模推举中塔楼核心筒逐层升高，伫立于海天之间。

←
集成桁架（液压）平台式爬模模型，爬模之上如履平地，所有人员和物料在此集中、作业。

中作业时将面临诸多困难。因而，海天中心采用了集成桁架（液压）平台式爬模系统，在超高空复杂的施工环境中提供封闭的整体空间，安全又便捷。

中塔楼核心筒采用集成桁架（液压）平台式爬模系统进行建造，它宛如一艘移动的"空中航母"，从上到下覆盖4个楼层，共计6层平台，分别用于料具堆放、钢筋作业、模板作业、清理维护等。核心筒施工的人员和物料主要通过位于核心筒内侧的施工电梯来到爬模系统。施工人员在这700平方米的"空中生产车间"里绑钢筋、支模板、浇混凝土、焊钢管，如履平地。核心筒外布置了两台外挂塔吊，外挂塔吊与液压爬模体系互相配合，每5~7天可浇筑一个楼层。

每一区段施工完成后，这艘"空中航母"通过液压顶升，不断向上攀升，直到360米的高空。它的顶升力达到500吨，可以在8级大风中平稳进行。施工用的重型设备主要有浇筑混凝土的"移动式液压布料机"和钢结构施工用的大量焊机及气瓶。这些设备在爬模爬升时可实现同步顶升，降低了塔吊不断吊升物料的负担，节约了塔吊40%以上的吊力，也大大保障了高空施工的安全。

混凝土泵上 357 米高空

> 把混凝土送上高空可谓困难重重，海天中心严格控制混凝土质量以及泵机泵管的配置与维护，实现高强度混凝土超高泵送"一泵到顶"的工程壮举，一举将混凝土从地面送达中塔楼高达 357 米的核心筒顶部。

从建筑材料角度而言，常见的高层建筑结构不外乎钢和混凝土的组合：钢筋混凝土、钢骨混凝土、钢管混凝土……这组搭档在不同形式的组合中发挥各自的性能优势，创造出一个个工程奇迹。随着大楼越盖越高，对混凝土强度的要求也越来越高。混凝土强度和含水量成反比，但是含水量减少又将造成混凝土难以搅拌均匀。这时，就需要在混凝土中加入"减水剂"，通过让水泥颗粒带上同种负电荷，相互排斥，来增强流动性。减水剂能让混凝土内部结构致密，强度提高，更重要的是，它改变了混凝土的施工方式。混凝土可以用泵送的方式——泵管一端连接强力泵车，一端通向楼顶——实现大批量、远距离的输送。

海天中心塔楼的钢骨混凝土剪力墙和钢管混凝土柱中用到了高强混凝土，最大泵送高度达到 357 米，必须一泵到顶才能成功，其中的关键技术在于精准的混凝土配合比和强大的泵送设备。

水泥和掺和料的比例会影响混凝土的强度、凝结时间和流动性，稍有差池，混凝土就很难泵送成功。根据泵送高度，海天中心配置了 2~3 种针对性的混凝土配合比，选用近似球形、针片状较少的精品石子来降低黏稠度，提高流动性。在超高泵送过程中，混凝土泵管内的泵送压力极大，混凝土输送管必须耐得住高压。如果管径太小，输送

→ 高强混凝土通过泵机和泵管输送到 300 多米的空中，必须一泵到顶才能成功。

的阻力就很大，而管径过大则流速太慢、拉长泵送时间，可能泵到半路混凝土就开始凝结，影响混凝土的性能。经过研究，选用了内径为 125 毫米的耐磨耐高压泵管，出口压力达 35MPa 的超高压输送泵。35MPa 的压强有多大呢？如果把混凝土换成清水，泵机的压力足以将水柱送上 3 500 米的高空。

泵管的磨损与堵塞也是超高混凝土泵送经常遇到的问题。海天中心在地面水平管与垂直管弯管处、泵机出料口各设置一道截止阀，用于防止长时间停机和短暂停机时的混凝土回流，方便泵管拆洗和残渣回收。每一阶段的泵送工作完成之后，都对泵管进行彻底的清洗，避免残留的水泥浆凝结堵塞管道。

在核心筒爬模浇筑过程中，海天中心充分利用 BIM 信息化技术，模拟整体楼架爬升体系和关键工序，调整混凝土泵管的长度、安装位置和固定措施，找出超高压泵送与顶升平台的最佳结合点，终于顺利完成了混凝土的高空浇筑。

> **延伸阅读**

混凝土小故事

混凝土是一种复合材料，由凝胶材料、骨料和水按适当比例配制，经过一定时间硬化而成。它坚固耐用、制作简单、可塑性强、适用于各种环境，是世界上使用量最大的土木工程及建筑材料。古罗马人用火山灰、石灰和海水调配成天然混凝土，建造了万神庙、斗兽场和遍布城市的下水道。随着古罗马帝国的消亡，这一材料技术淡出了历史舞台，直到19世纪才被"重新发现"。

随着科学进步，人们发现了水泥的真实组分，解开了水泥水化形成强度的奥秘，一代代科学家与工程师改良烧制工艺，总结混凝土配比与强度的规律，使现代混凝土成为一门缜密的材料科学。汉字中经常用"砼"代表混凝土，这是20世纪50年代我国著名结构学家蔡方荫教授在课堂上创造的，他采用笔画简省的"人工石"代替笔画繁多的"混凝土"，大大加快了笔记速度。后来"人工石"三字合成了"砼"字，在工程界得到广泛使用。

混凝土主要由水泥、水、砂、石四种材料组合而成，它们之间的比例关系叫作混凝土配合比。其中，水泥的品类、砂子的粗细、石头的大小甚至水的温度都影响着混凝土的性能表现。

混凝土英文名称第一个字母是C，工程标准上用它来表示混凝土的强度等级。C后面的数字表示混凝土硬化后能够抵抗多大的压力，数值越大，则强度越高。常见的如C20通常用作混凝土结构垫层，C30主要应用在房屋的梁、板、柱等主要受力构件，C50主要用于大型基础设施，如大跨度桥梁工程等。混凝土强度取决于混凝土的配方，C60及其以上称为高强混凝土，C100以上的混凝土称为超高强混凝土，它们是用水泥、砂、石原材料外加减水剂或同时外加粉煤灰、铁矿粉、矿渣、硅粉等混合料，经常规工艺生产而获得的。以海天中心为例，三座塔楼的剪力墙和混凝土框架柱从下到上分别使用了 C60、C50、C40 混凝土，钢管混凝土柱内灌 C60 高强混凝土，而楼板、楼梯等构件则使用 C30 混凝土。

混凝土的另外一个重要性能指标是抗渗等级 P。现行国家标准《混凝土质量控制标准》（GB 50164—2011）根据混凝土试件在抗渗试验时所能承受的最大水压力，将混凝土的抗渗等级划分为 P4，P6，P8，P10，P12，＞P12 六个等级。抗渗等级≥P6 的混凝土为抗渗混凝土，是通过提高混凝土的密实度，改善孔隙结构，从而减少渗透通道，来提高材料的抗渗性的。常用的办法是掺用引气型外加剂，使混凝土内部产生不连通的气泡，截断毛细管通道，改变孔隙结构。此外，减小水灰比，选用适当品种及强度等级的水泥，保证施工质量，特别是注意振捣密实、养护充分等，都对提高抗渗性能有重要作用。

海天中心的基础筏板和地下室外墙暴露在潮湿的环境中，采用的是强度 C35、抗渗等级 P10 的混凝土。工程师们通过大量试验来优化地下室外墙混凝土的配合比，选用了活性为 120 秒和 80 秒的氧化镁膨胀剂配制补偿收缩混凝土，改善了防腐抗渗混凝土的工作性能，提高了结构抗海水侵蚀能力，也节省了额外的防水施工和劳力。

撑起 1100 吨的钢骨巨伞

> 海天中心采用地面拼装、整体提升的方法，在短短 45 天内完成了 2 600 平方米大宴会厅屋顶桁架的生产制作与安装，向空中撑起一顶 1 100 吨的"钢伞骨"。

容量，是衡量一座宴会厅的关键指标。位于海天中心西裙楼、建筑面积达 2 600 平方米的无柱宴会厅，是山东省最大的宴会厅，可容纳 1 600 人的聚会。宴会厅南北跨度 58.8 米，东西向跨度 40.2 米，净高 11.9 米。巨大的跨度需要巨大的结构体做支撑，宴会厅屋顶不但要覆盖下方的大空间，还要承托上方的屋顶花园和大型露天设备的重量。海天中心选择了高效能的空间桁架——一种类似"伞"的结构——来实现这座巨无霸屋顶。这顶"钢伞骨"总重达 1 100 吨，由 1 006 件钢构件构成，平行的 7 榀主桁架为主要的承重体系，其余的构件则用来增加主体结构的稳定性。

这座巨无霸屋架结构杆件自重大、数量多,高空组装焊接的施工难度大,施工质量控制难度高。要如何安装就位呢?宴会厅位于两栋塔楼之间,宴会厅结构施工的同时,两侧的塔楼也正在进行幕墙施工,施工重叠时间越久,诸如高空坠物等安全风险也就越大。经专家研讨,海天中心决定对宴会厅屋顶桁架采用地面拼装、整体提升的施工方案,将巨大的"钢伞骨"一次性撑向11.9米的上空。

钢桁架在地面装配完成后,在宴会厅两端的结构立柱上设置提升支架,布置液压提升器,利用钢绞线与桁架下方的吊点连接,逐步将屋顶提升至设计位置。为了确保提升精度,海天中心利用信息化平台计算出14个提升点并实时监控,确保整体提升的误差不大于3毫米。吊装完成后,使用三维激光扫描仪对桁架进行现场扫描,校正安装精度。当整座屋顶提升到位时,液压提升器锁紧,将桁架端部与斜撑在混凝土框柱牛腿的弦杆腹杆进行对接,然后再安装其他后装杆件。最后"钢伞骨"与四周梁柱牢固地连接在一起,稳稳地支撑在宴会厅上空。

↑
屋顶桁架一次性整体提升成功,撑起2 600平方米无柱大空间。

←
桁架屋顶在地面完成拼装。

600 余吨一体成型铸钢节点

> 海天中心的钢结构中有 31 件形态复杂且不规则的重要节点，这些节点以铸钢工艺取代传统焊接工法铸造，共重达 600 余吨。铸钢节点不仅易于实现异形构件的批量生产，其刚度、耐腐蚀、抗疲劳与抗震等性能亦有较大提升。

在钢结构中，梁、柱、桁架等各部件之间的连接，好比人体中的关节。为了满足建筑造型与结构力学的要求，海天中心外层钢结构设计中产生了诸多造型复杂的节点。对于异形节点，传统的加工方式以人工焊接为主，虽然灵活性高，但是在焊接过程中容易变形，会产生内部应力，焊缝也会影响部件的外观和可靠性。铸钢节点的应用很好地解决了上述问题。铸钢节点是将钢熔炼之后浇入特定的铸型，冷却凝固后一次成型，可以满足造型复杂的需要。

海天中心的铸钢件节点分布在中塔楼的第 38、第 49 桁架层及塔冠，其中第 38 层 22 件，第 49 层 2 件，塔冠 7 件，它们的总重量达 600 余吨，其中最大单件重达 32 吨。

铸钢节点最早在 20 世纪 80 年代应用于英国北海油井平台，此后逐渐出现在德国、日本的工业与民用建筑中，它在我国仍属于有广泛前景的新型材料。铸钢节点具有诸多优点，它的刚度大，整体性好，拥有良好的抗疲劳、耐腐蚀与抗震性能，避免或降低了传统人工焊接多杆件交汇产生的初应力。最重要的是，它给节点设计带来了更大的自由度，结构设计师可根据建筑外形、受力情况与浇筑工艺设计出最为合理的截面形状。

→
中塔楼塔冠使用大型铸钢节点实现钢构件的复杂连接。

附着式电动升降平台雕刻 72 米垂直"沙滩"

> 海天中心采用附着式电动升降平台进行青岛瑞吉酒店中庭"楼中楼"的装饰施工,营造出高达 72 米的垂直"沙滩"艺术效果。

通常认为,室内装饰施工的技术含量不如土建工程,其实不然。青岛瑞吉酒店建造了一间跨越 59~77 层的大型中庭,宽 10 米、高 72 米的艺术作品"沙滩"顶天立地,覆盖整面中庭背景墙,作为标志性旋转楼梯的背景。这片"沙滩"的建造对室内装饰工程而言是一个大挑战。

由于背景墙尺寸过大,存在沉降、变形、开裂等风险,因此海天中心采取板块化加工、骨架提前预留伸缩余地等措施,将 72 米高的

仰视令人震撼的垂直"沙滩"。

←

附着式电动升降平台免去了传统满堂脚手架的搭建，实现了大型挑空结构建筑装饰的安全施工。

  作品分成模块化的四段，单组尺寸宽 10 米、高 18 米，最后再进行组装。如何用人工材料致敬大自然的造化呢？工程师们采用玻璃纤维加强石膏板（GRG）来模拟退潮沙滩的纹路，实现了细腻的效果。波浪的起伏高差控制在 350 毫米左右，退潮纹路宽度控制在 30~60 毫米之间，深度为 30 毫米。GRG 表面喷涂沙滩肌理特殊漆，波浪交替处以贝壳马赛克带过渡，隐喻波光粼粼的海面。

  超高空、大体量的室内施工好比建造一座"楼中楼"，常规的满堂脚手架工艺由于自身重量大、脚手管上下运输困难、搭拆周期长（约需 50 天）、架设难度大等原因，不能满足实际施工的需求。海天中心采用了青岛市首例"附着式电动升降平台系统"进行中庭施工，相较传统满堂脚手架，附着式电动升降平台附着于建筑结构体之上，对楼板荷载小，而且平台系统由单元式构件组成，搭拆仅需 20 天。此外，平台系统具备防坠落、防倾覆等安全功能，每个方向升降平台可随施工进度单独垂直升降，也可整体升顶连成桁架平台，为施工带来极大灵活性。通过使用附着式电动升降平台这一垂直施工装置，大幅提高了超高区域精装修的工作效率，实现了大挑空结构建筑装饰的安全施工，也降低了现场施工人员的操作难度。

70 项声学标准缔造五星级静音体验

> 海天中心制定了近 70 项减振降噪技术标准,从浮筑楼板、高效减振器到隔音消声罩等,在墙体、楼板以及设备层全面实施噪声及振动减缓措施,营造五星级静音体验。

设备间的噪声和振动一直是困扰超高层建筑的难题。高层建筑的运转依赖大量机械设备来把空调、新风、电力、水源等日常所需能源接力输送到使用端。但这些设备在运行时会产生不同频率的噪声和振动,如果处置不当,就会沿着楼体结构传播到用户身边。海天中心的业态对声环境要求较高,而降噪对象多布置在中高层,采用的设备多数为大功率机组,这就需要针对性地对减振降噪展开攻关。

海天中心与中国科学院声学研究所北海研究站合作,开展了设备间隔振设计课题研究。声学专家从楼板结构振动和辐射噪声入手,研究振动衰减、设备间固体传声和空气声辐射的规律,并根据设备机房的分布和每一台设备的具体情况,通过减振、吸声和整体浮筑的方法,为海天中心量身定制了一套降噪减振方案。

在固体、液体、气体之中,固体的传声效果是最强的,海天中心塔楼设备层采用"弹簧式浮动地台"(浮筑楼板)来作为减振降噪的主要手段。浮筑楼板的原理是在结构楼板上垫一层隔声层,然后再铺设楼面装修材料。与单层楼板结构相比,浮筑楼板隔断了设备与基础之间的所有刚性连接,大大消除了固体传声,也就显著改善楼板的隔声性能。同时,双层隔墙与空气层的组合使空气声隔声量也显著增加,对于后期进场的设备也具有隔振效果。

为了进一步减小机房设备传递到浮筑隔声结构的振动，海天中心对机房中每台设备都进行了单独的隔振处理，根据其固有频率和工作频率，选择合适的减振器。浮筑楼板和减振器的"组合拳"开源节流，最大限度改善了设备振动对建筑的影响。

对于噪声来说，常见的控制手段有隔声和吸声两大类，可以理解为一堵一疏。隔声材料通常不具备足够的吸声性能，且重量较大。海天中心在设备机房内侧贴附了轻质宽频吸声材料，显著减小了反射声能，把设备运转产生的噪声"封印"在机房内部。

海天中心的大部分机房也都运用了浮筑楼板构造，但浮筑楼板施工步骤多、周期长。为了节省工期，在部分楼层区域的设备机房管道、地面以及结构顶吊装处采用同样隔振效率的弹簧减振器，变配电房机组使用减振橡胶垫，厨房抽风系统、空调送回风管中普遍使用隔音消声罩，多管齐下，将振动和噪声控制在允许的范围内。

海天中心共制定了近 70 项室内空间隔墙声学标准、6 项机电声学标准，与 15 个管路减振与室内混响相关的声学解决方案。细致严谨的声学控制，使办公、居住、酒店空间均达到五星级标准，提供给人们最为安静的室内静音体验。

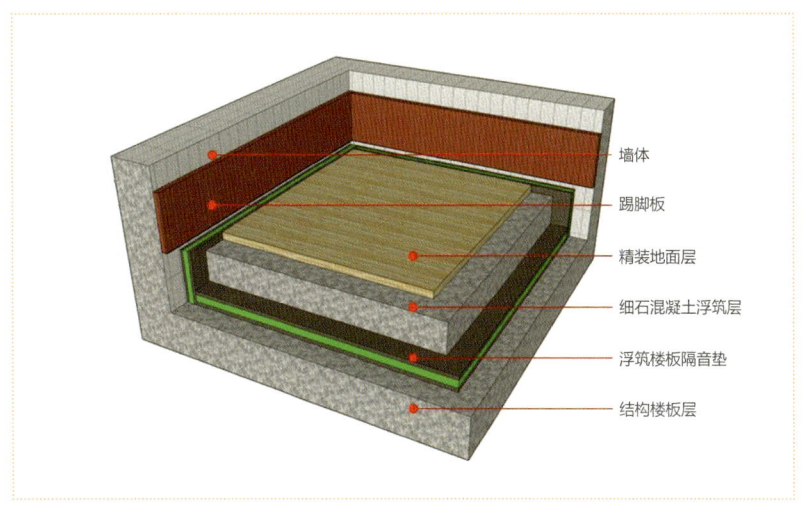

浮筑楼板示意图。

带宽 180 千赫兹的智慧建造云平台

> 海天中心借助窄带物联网技术实现了万物互联的智慧建造云平台，窄带之所以为"窄"，因其带宽180千赫兹比宽带更"窄"，也因此具有配置简易、能耗低、速率快、安装便捷等优点，尤其适合环境复杂与变化快的工地环境，可覆盖工地内各类施工设备，让工地信息一切尽在掌握。

窄带物联网（NB-IoT）是万物互联网络的一个重要分支，它构建于蜂窝网络，只消耗大约180千赫兹的带宽，可直接部署于多种网络制式标准，如GSM、UMTS或LTE，具有覆盖广、连接多、速率快、成本低、功耗低、架构优等特点，可降低网络部署成本，实现平滑升级。

宽带与窄带是相对的概念，日常说的宽带，通常指大于4M的信道，带宽小于4M则称为窄带。以公路做比方，更宽的公路固然能同时行驶更多的车辆，但小规模的公路则可以简化工程设计，减少材料消耗。窄带亦如此，虽不适用于传输视频、语音通话、下载大文件，但是在设计与配置上却具有精简优势，尤其是运用在物联网上，它支持低功耗设备在广域网的蜂窝数据连接，能提供全面稳定的数据覆盖。

海天中心施工现场环境复杂，不便铺设大量线路，却又需要实时了解现场环境、施工人员及各类设备的运转情况，因此，设备体积小、安装便利、周转简便、一次性投入较少的窄带物联网技术就特别适合工地。海天中心自主研发了适用于工程施工现场的窄带物联网技术——无线终端数据采集设备。它配置精简，单纯的物联网装置只需少量内存即可运作，单根天线即可传输，是最具成本效益的数据连接方案。它传输信号利用率高，能实现物联网装置的最大连网数，还能兼容不同硬件设备。信号的穿透力强、辐射范围广，在城市地区的辐射距离可达 3 公里，网络终端还能自动匹配传感器设备，完全满足施工管理的需求。

通过窄带物联网连接的监控设备数据信息汇聚整合而成了智慧建造云平台，它如同"天眼"一般，拥有实时远程视频监控、作业人员监管、安全监控系统、环境监测系统、施工用电管理系统、施工检测系统 6 大板块和 39 个子项。数百台门禁、视频监控器、传感器等密布在施工场地的各个监测点位，记录下每一个岗位的出勤情况、每一台设备的运行情况……这些数据清楚地显示在终端设备的操作界面上，大大提高了工程管理的效率。

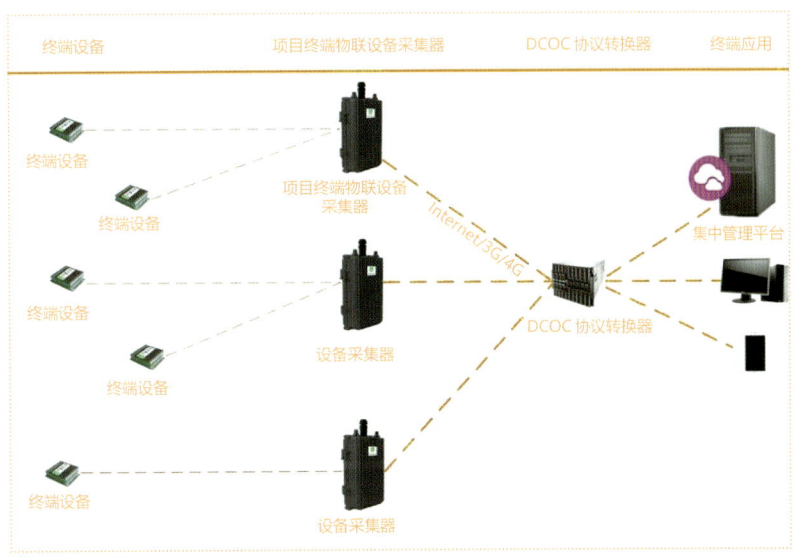

窄带物联网架构示意。

基于窄带物联网的海天中心智慧工地监控系统操作界面。

1462天一座垂直城市初具雏形

> 经过1 462个日历天，海天中心完成了从基坑开挖到塔冠封顶的蜕变，三座塔楼的高度总和824米，开创了同步施工、同步开业的工程奇迹。

369米的建筑高度，在世界高层建筑之林也许算不上稀奇。然而，海天中心包含了三座高度分别为210米、369米和245米的超高层塔楼，加总起来达到824米，且三座塔楼形态各异，功能多样，却做到同步施工，同期开业，这在类似规模的开发中独一无二。

海天中心位于繁华市区，用地局促，紧邻观光海岸，交通限制严格。地下施工阶段，为克服场地狭小的施工难题，项目团队研发设计了可周转装配式大坡度钢坡道，使车辆能直接下到基坑内，完成了80万立方米土方外运。同时，海天中心大底板混凝土连续36小时浇筑，以钢坡道、布置溜管、伸缩式皮带输送机、汽车泵等机械设备为"装备利器"，各个搅拌站、运输车队、灯光照明等人员团队为"作战队伍"，打了一场两天两夜的"战役"，多个区段有序穿插作业，创造了混凝土浇筑每小时100立方米的"海天速度"。

2016年年底地下工程完成，海天中心站上地平线，让三座塔楼齐头并进是非同小可的挑战。在极其紧张的场地内，三支施工队伍高度协同，跟随现场施工情况随时调整。尤其在施工高峰期，每天都必须协调现场材料堆放、设备进场、人力安排、垃圾清运等问题，其施工组织的难度远远超过独栋超高层建筑。

海天中心在深基坑基础施工、钢管约束型钢混凝土柱、超高层钢结构、超高层模架系统、智慧建造等方面的关键施工技术创下了数十项发明专利，发表了多篇成果，达到国际领先水平。

超级工程是一个时代的投射，它记录了一个伟大的时代，记录了建设者攻坚克难的心血与汗水。2014年12月28日正式开工，2016年12月21日跃出地面，2019年11月30日主塔楼结构封顶，2021年6月20日开幕迎宾……海天中心在1462个日历天里，完成了从基坑开挖到塔冠封顶的蜕变，实现了超级城市综合体工程建设与开启运营的创举。

从五四广场看已封顶的海天中心。

智慧运维

这是一个走向碳中和，开启AI智慧管理的新时代。海天中心作为新国标下首座获得绿建三星认证与LEED铂金级认证的超高层建筑，拥有上百项绿色技术，走在时代的前沿。智能控制系统通过楼宇内遍布的精密的传感器，像"神经末梢"一样精确地"感知"运行状况，实时传输给"神经中枢"，汇联到"超级大脑"，进行大数据收集并不断优化可持续的长效运维。

2 重
≤2.2 瓦
50%
6 大业态
25 万
0 察觉
27%
0 摩擦
420 吨
600 立方米
8 万立方米
2 317 个
7 个

绿色建筑 2 重认证

> 海天中心中塔楼超 5A 甲级写字楼斩获绿建三星和 LEED 铂金级双重绿色建筑认证，在主被动节能技术的采用、可再生与循环材料的利用、使用者舒适度的提升、节约能耗与自然资源等方面均有突出表现。值得一提的是，海天中心是更为严苛的新国标下国内首座绿建三星认证的超高层建筑。

根据住房和城乡建设部的定义，"绿色建筑"是指在全寿命期内，节约资源、保护环境、减少污染，为人们提供健康、适用、高效的使用空间，最大限度地实现人与自然和谐共生的高质量建筑。随着生活水平提高和可持续发展观念普及，绿色建筑越来越受到人们关注，世界各地也颁布了各类绿色建筑评价标准，指导绿色建筑的发展。超高层建筑从建造到运营，无疑要消耗大量材料和能源，因此节能对超高层建筑具有十分重要的现实意义。另外，超高层建筑想要在绿色建筑评价体系中取得好成绩，也面临巨大挑战。海天中心在立项之日，便提出"绿色、科技、人文、智能"的建设目标，其中"绿色"位居第一，并在工程推进过程中始终朝着这一方向不懈努力。

海天中心在规划设计阶段反复推敲建筑布局与形态，比较各种能源系统、机电设备的优劣，邀请全球顶尖顾问为项目出谋划策。例如，借助风洞试验优化建筑周边的行人风环境；通过透水铺地和雨水蓄留回收系统实现"海绵城市"；采用组合式通风技术让幕墙自然"呼吸"新鲜空气；建筑材料中可再生与循环利用的比例高达 32.58%，高透光率超白玻璃与优质节能灯具在智能楼控系统的管理下，使室内空间始终具有良好的采光效果……可见，海天中心在节地、节能、节水、节材、室内环境、提高与创新等各项评价指标中均有突出表现。

海天中心的绿色之路并非一帆风顺。2015 年，中国正式施行"绿色建筑设计三星标识"新版标准，相比旧版标准更精细、全面、严格，这也意味着获得三星认证难度更高了。对于海天中心这样的超大型项目，任何一项指标的调整，都会牵一发而动全身。新标准出台之时，海天中心的施工图设计已经进入收尾阶段，但是为了实现这一前瞻的生态愿景，海天中心积极研讨应对方案，调整各专业施工图，将中塔楼近万片幕墙玻璃由双层中空玻璃升级为三层中空 Low-E 玻璃，幕墙导热系数从设计之初的不大于 2.0W/m^2·K 提升 10%，达到不大于 1.8W/m^2·K。同时，可视部分玻璃配置由中空玻璃升级为双中空玻璃。经过一系列升级改善，海天中心一举拿下新国标下国内首个超高层建筑绿建三星认证与 LEED 铂金级认证，分别是这两大评估体系中的最高级别，建筑节能率高达 68.54%，远超过国内已有最高绿色建筑的节能效率（54%）。

绿色建筑前期的用心投入是为了后期的永续运营，可谓功在当代，利在千秋。海天中心采用的绿色建筑策略和相关技术，也为新国标制定贡献了一份经验，对中国超高层绿色建筑发展起到带动作用。

→ 海天中心在绿色建筑评价体系中取得佳绩。

> 延伸阅读

"双碳"目标

气候变化是人类面临的全球性问题。随着二氧化碳排放，温室气体猛增，气候变化对地球生态系统造成威胁。在这一背景下，世界各国以全球协约的方式减排温室气体，美国提出将在2050年实现"净零排放"，欧盟提交了《欧洲气候法》，旨在从法律层面确保欧洲到2050年成为首个"气候中性"大陆。2020年9月，中国明确提出2030年"碳达峰"与2060年"碳中和"的目标，即"双碳"目标。

碳排放量是指在生产、运输、使用及回收该产品时所产生的平均温室气体排放量。2018年，世界总碳排放量达到34 041 046千吨，而中国的总碳排放量约为10 313 460千吨，是世界上碳排放量最高的国家。中国的人均碳排放量约为7.4吨，超过了世界人均4.5吨的碳排放量。

"碳达峰"和"碳中和"是一组节能减排术语。"碳达峰"是指二氧化碳排放量由增转降的历史拐点，它标志着碳排放与经济发展实现脱钩。"碳中和"是指国家、企业、产品、活动或个人在一定时间内直接或间接产生的二氧化碳或温室气体排放总量，通过植树造林、节能减排等形式，抵消自身产生的二氧化碳或温室气体排放量，达到相对的"零排放"。

"双碳"目标倡导绿色、环保、低碳的生活方式，有利于引导绿色技术创新，提高产业和经济的全球竞争力。中国正在持续推进产业结构和能源结构调整，大力发展可再生能源，在沙漠、戈壁、荒漠地区加快规划建设大型风电光伏基地项目，努力兼顾经济发展和绿色转型同步进行。

→ 海天中心用自身行动践行"双碳"目标。

每平方米能耗≤2.2瓦的泛光照明

> 入夜，泛光照明点亮海天中心。不同于灯光秀，泛光照明在夜间长时间点亮，因而其亮度与节能性尤为重要。海天中心泛光照明平均能耗每平方米低于2.2瓦，东西塔楼仅为1.72瓦，柔和地抚慰着城市入眠。

地标建筑对夜景照明的追求从来不逊于白天的造型，夜景照明是用光线来塑造一座摩天之城的立体轮廓。海天中心采用与幕墙结合的点状光源（筒灯）和线性光源（灯带），灯光如夜之舞者，由点及线、由线及面，展现建筑整体袅娜的形态，并通过色温、亮度的微妙变化，在夜色中呈现丰富的层次与细腻的表情。

在城市尺度，照明设计重点刻画天际线，让人从远距离就能轻易看见建筑的顶部。青岛是一座多雾的城市，受海边冷湿气体影响，一年四季都很容易起平流雾。西塔楼和东塔楼的塔冠部分使用波长较长的低色温暖光，在雾中的穿透性更强，从远处也能看见标志性的塔顶造型。而离天空最近的中塔楼塔冠采用色温5 500K的冷调光源，通过内透泛光照明和LED线形灯的组合，营造"高处不胜寒"的意境，使建筑顶部宛若灯塔照亮整个海湾。

从海湾望去，海天中心是浮山湾城市夜景中当仁不让的主角。位于幕墙单元边缘的线性灯光着意刻画建筑造型中的标志性曲线，强调其律动之美，使海天中心在沿海建筑群中独具个性、脱颖而出。

在街区尺度，照明则着力刻画建筑的细部特征，在每一层幕墙单元相互交错处嵌入上照或下照的筒灯，随着幕墙结构的走向形成具有韵律感的点阵。为了避免眩光影响，灯具的安装位置也经过精心计算，

↑
楼体泛光照明以点、线、面塑造出建筑形态，用灯光塑造出一座动感城市雕塑。

确保在人眼直视范围内不出现直射光源。

到了步行者尺度，柔和的灯光点亮近地景观。从塔身到裙房，光源的色温从中性的 4 000K 过渡到暖调的 2 700K，裙房内部透出的温馨灯光拉近了人与建筑的距离，营造出避风港湾的氛围。

海天中心全面采用节能型灯具，楼宇照明总负载约 530 千瓦。其中，西塔楼的功率密度为每平方米 1.72 瓦，中塔楼每平方米 2.2 瓦，东塔楼每平方米 1.72 瓦，裙楼每平方米 1.84 瓦，总功率密度均小于每平方米 2.2 瓦的 LEED 标准，不仅节能，也避免过亮的灯光造成城市光污染。

50% 智能照明节能

> 海天中心选择了优质节能的光源,搭配智能化照明控制系统,能够实现"人来灯亮、人走灯灭"的节能效果,并能根据自然光的强度,动态调节室内灯具的明暗。这项节能技术相比传统照明可以节约 50% 的能耗。

从摇曳的烛光到黯淡的煤油灯,从高功率高温的白炽灯到冷光源节能灯,随着科技发展,人们对照明需求的阈值也在不断提高,从过去满足照明的单一功能,逐渐提升到环境友善、身心健康的层面。海天中心全面使用低能耗、高显色性的 LED 光源,并全部接入智能照明控制系统,做到既节能环保,也关怀使用者的身心需求,代表了目前最先进的照明理念与发展趋势。

↑
电动窗帘和高品质节能灯具在智能照明系统的控制下能动态响应实际使用需求。

←
全景视窗与智能照明带来舒适的办公体验。

在节能环保方面，海天中心的智能化照明控制系统能够实现"按需照明"，房间内布设了大量红外传感器，能敏锐地察觉人的存在，实现"人来灯亮，人走灯灭"的调光效果。在白天，能够根据自然光的光照强度自动调整窗帘开合，动态调节室内灯具的明暗程度，让室内光线更为均匀、自然、舒适。这项技术相比于传统照明方式可节省50%的能耗。

人本关怀方面，海天中心能够根据不同的业态与使用场景，如办公大堂、会客厅、走廊、楼梯间、地下车库等，预先设置相应的场景模块，根据实际使用状况进行智能控制，动态响应不同环境中的光照需求。同时，无频闪、高质量的光源，均匀宜人的照度与符合人体生理规律的可调节色温，不仅令使用者保持愉悦的心情，还可以提升工作专注度，提升生活品质。

大物业智联 6 大业态

> 除了两座酒店，海天中心其余六大业态都归属"大物业"统一智能化管理，做到多元联动，资源共享，极大提升了物业管理效率和客户体验。

每天清晨，川流不息的都市白领鱼贯进入写字楼，开始一天的工作；早上九十点钟，城市观光厅与云上艺术中心迎来第一批观光客；中午时分，海天 MALL 里人头攒动，咖啡与食物的香气在中庭萦绕；等到夜幕降临，建筑立面绽放华章，云端钻石 CLUB 星光璀璨，海天宴会厅高朋满座，而海天公馆正在私享安宁的时光……每个业态的作息和节律，交织出都会生活的脉搏。

海天中心日均客流在 2 万以上，高峰期人流量达到 5 万。丰富多元的城市综合体吸引着不同人群在此聚集、休憩、工作、生活。物业

管理和智慧楼宇控制系统的职责就是实时掌握并调度所有资源,保证各业态能有条不紊地持续运转,保障楼宇使用者安全无虞。

　　海天中心创新性地采取了大物业管理模式,统一管理两座酒店以外的其他六大业态。大物业分为五个子部分进行管理,分别是通信系统、安防系统、楼控系统、音视频系统与机房系统。通信系统保证着整座大楼计算机网络、有线电视、信息系统等有效运行;安防系统确保各项监控、视频、对讲与巡查系统的有效运行;楼控系统对整栋楼宇能源、环境和智能家居进行统一管理;音视频系统控制着所有商业广告与 LED 大屏的使用;机房系统实时把控整个楼宇不计其数的机电设备的运转。

　　大物业如同一个强大的幕后管家,统筹协调着各个业态的运营情况,同时与消防、公安、城管、市政等公共行政管理部门实时联动,实现城市公共场所的高效管理。

↗
大物业管理模式助力城市综合体有条不紊地运转。

←
智能管理集合五大系统全面满足不同业态的使用需求。

25万个神经末梢链接智慧大脑

> 海天中心遍布着多达 25 万个各色各样的传感器,分布于各类机电设备与空间环境中,它们犹如人体的"神经末梢",敏锐地采集各种信息并传输给建筑的中枢神经与大脑——建筑智慧运维系统,智能化调度着整栋楼宇的运转。

在规模庞大的城市综合体背后,有着错综复杂的机电系统,电力、供暖、通风、空调、照明……构成了一张张密布于建筑内外的"网",这些网络管线交织着、渗透于建筑的每一个角落,保证大楼各类能源能有效运行输送。

在现代化机电设备层出不穷的时代,如何管理这些五花八门、星罗棋布于大型建筑的机电系统,这成为一道难题。对机械设备可能出现的问题,如何监控和维修?如何做到精准控制以节约能耗?信息技术革命浪潮推动着社会加速发展,智能化建筑在这股浪潮中不断推陈出新。海天中心建筑智能运维幕后管家就如同一个神通广大的多面手,

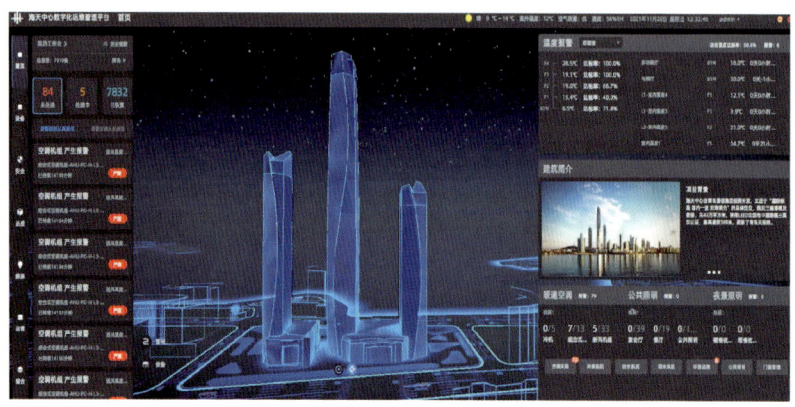

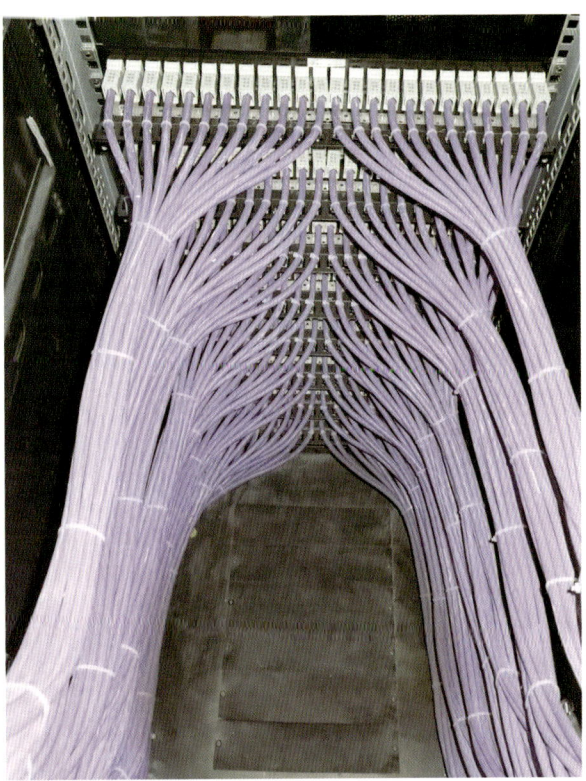

↑
机房内，设备高速运行。

←
基于窄带物联网的海天中心智慧云建造平台操作界面。

它整合了一座座子系统的"信息孤岛"，将所有水系统、风系统、配电系统、燃气系统信息集为一体。

至少 25 万个监测感应器分布于海天中心的各个部位，它们如同智能生物的神经末梢，将实时感应数据传递给"超级大脑"。"超级大脑"不仅能实现设备的实时智能化开关、调节，还能实现长期储存、管理数据，并做出建筑能耗预测与优化方案，如针对冷站等重点能耗系统提出能耗优化的具体方案，实现长期运行过程的节能减排等。

海天中心的建筑智慧运维系统突破了传统技术的瓶颈，打通了各种设备系统之间的壁垒，解决了各子系统不兼容的问题，实现了有效的智能化群体控制。在建筑长期运维过程中，达成像"绣花针"一样的精细化管理。

用户 0 察觉的智慧楼宇体验

> 楼宇智能化行业有一句名言"没有感觉就是最好的感觉",顶级的楼控能让使用者感觉不到楼控的存在。

正如"剑出无形、无迹可寻"是剑术的最高境界,智能楼宇控制的最高境界是让用户在使用中察觉不到任何"控制"的存在。海天中心将智慧楼宇控制技术充分地开发运用在室内环境健康管理、智能化酒店客房系统、智能化电梯控制系统、智能化停车管理等各个方面,使用户在不知不觉中享受人工智能带来的便利与服务。

智能楼控在酒店的运用让客人得到宾至如归的服务:在酒店大堂办理入住时,入住信息就会传送到指定的客房;当客人刷卡进入房间

时，门禁磁条唤醒"智能管家"开启专属服务；打开房门的一瞬间，就会看到温馨的一幕，"欢迎模式"启动，室内灯光完全打开，窗帘徐徐拉开，电视机亮起并显示欢迎入住者的字样；当客人中途离开，客房各个设备会记录客人离开前的使用状况并进入节能模式，窗帘自动关闭，设备进入休眠状态；当客人返回，便重启"记忆"，将客房的所有状态还原到客人离开前的场景。客房的智能控制系统就像一个看不见摸不着的"全能管家"，在无形中提供贴心的服务。

  在传统的办公楼中，使用者依靠触觉、嗅觉等感官来判断室温与空气品质，进而做出开闭窗户、设定空调温度的行为，甚至添置空气净化器与监测设备以改善工作环境。而海天中心超5A甲级写字楼则采用室内环境与健康主动管理解决方案，通过智慧大脑与智能触角，对室内空气质量信息进行实时监测、评估与控制。数以万计的智能传感器犹如千百条神经末梢，分布在办公空间的各个区域，敏锐地实时监测空气中甲醛等挥发性有机化合物、PM2.5、CO_2、噪声、光线等因子，使后台管理者与用户对室内空间环境与健康状况一目了然。后台的智慧大脑将神经末梢收集的信息进行统计分析，建立环境问题的评估分析，进行环境风险预警管理。通过智慧大脑与神经末梢的配合，为使用者创造出高效协调、实时可控，且令人神清气爽的室内环境。

↑
酒店的智能管家能"记住"客人的喜好与使用状况。

←
酒店智能管家开启温馨的"欢迎模式"。

冰蓄冷空调削峰填谷节约 27% 电费

> 中塔楼的超 5A 甲级写字楼采用了冰蓄冷空调技术，2 台冰蓄冷空调在夜间运转制冷储存，白天休眠并持续释放冷量，做到错峰用电，节省了 27% 的费用。

随着空调的普及，城市电力消耗增长迅速。虽然发电厂 24 小时不间断地发电，然而用电并不那么平均。一般而言，白天是用电高峰，晚上是用电低谷，这就造成高峰电力紧张，而离峰电力又得不到充分应用的情况。因此，用"削峰填谷"的方式平衡电力供应，就成为提高电能利用、节约能源的思路之一。很多地方采用"分时电价"的政策，鼓励使用离峰电力，空调离峰蓄冷技术正是为了实现这一目标而发展

↗
巨大的储冰槽将一整夜生成的冷量缓缓释放，供给写字楼、商场日间使用。

←
位于地下室的冰蓄冷空调主机，白天处于休眠状态，夜间错峰启动制冷。

出来的技术。与水蓄冷相比，储存同等冷量，冰蓄冷所需体积比水蓄冷要小得多。

在夜间空无一人的公共场所（如写字楼、商场等），传统的中央空调进入休眠状态，而冰蓄冷空调却在马不停蹄地工作：它利用夜间电网低谷时间，将冷媒介（通常是乙二醇溶液）制成冰储存在蓄冰装置中，等到白天用电高峰，通过融冰将储存的冷量释放出来，如此一来，可减少电网高峰时段空调用电负荷，也能减少空调系统的装机容量，节省机组运行能耗。在荷载不大的情况下，白天甚至不必启动制冷机，仅靠融冰的冷量，就可满足用户的需求。

海天中心一共配置了 2 台冰蓄冷设备，都位于中塔楼地下五层的制冷机房内。它们在每日 22 点至次日 8 点连续工作，将低温的乙二醇溶液导入储蓄冰槽内，冻结成冰，每日 9 点至 21 点间，冰冻状态的乙二醇经过换热器融化，送入空调制冷系统中，如此循环。与常规制冷系统相比，冰蓄冷系统使夏季空调运行费用下降 27.19%，每年至少省下 60 万元。"削峰填谷"的方式避开了用电高峰，节约了电力成本，实现了自然能源与经济资源的双重有效利用。

摩擦、高效能的磁悬浮中央空调

> 制冷机的核心构件是空气压缩机,通过压缩机高速旋转,反复气化与液化制冷剂,达到了能量循环的目的。海天大酒店和青岛瑞吉酒店采用4台磁悬浮中央空调作为核心制冷机组,通过磁悬浮技术高速旋转,零摩擦高效能,避免了传统轴承因机械摩擦产生的能量损耗与零件磨损问题。

随着空调走进千家万户,无论严寒酷暑,在室内都能获得四季如春的舒适体验。液压制冷技术是目前制冷设备最常用的制冷手段。利用蒸发吸热的物理原理,液体制冷剂(通常是水)通过蒸发器汽化,吸收被冷却物的热量;汽化后的制冷剂被吸入压缩机中压缩为高温高压的蒸汽,而后在冷凝器中冷却为液体,如此往复,达到循环制冷的目的。而这一过程中的关键技术环节,就是空气压缩机。

传统的空气压缩机有离心式压缩机与螺杆式压缩机等,通过轴承或齿轮带动的高速旋转将空气压缩。但是运行中的机械摩擦一方面会带来热量损耗,另一方面会导致零件磨损,需要不断添加润滑油以减小摩擦力,而润滑油却会产生污垢造成堵塞的问题。

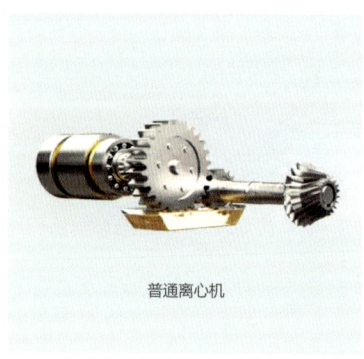

普通离心机

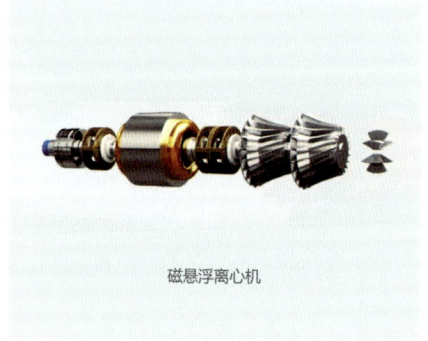

磁悬浮离心机

↑
海天中心共有 4 台磁悬浮空调，分别用在空调需求较高的海天大酒店和青岛瑞吉酒店。

←
磁悬浮压缩机采用电机直接驱动转子，无增速齿轮，整个压缩机仅一个运动部件。相比传统离心机，运行部件少，无摩擦，无油运行。

磁悬浮压缩机的发明，解决了机械摩擦带来的一系列问题。它利用电磁效应让转轴悬浮，在磁悬浮转轴周围布置数十个独立控制的电磁线圈，通过连续匹配调节电量输出，确保中间的转子稳定在轴承中心，顺时针方向依次加强磁力，引起中间的转子超高速旋转。由于磁悬浮转子在工作过程中不与机座发生接触，一方面免除了传统的润滑系统，减少了设备中油路、油泵、油膜等构造，使设备结构更加精简紧凑，使用寿命也可以达到 30 年以上，是传统设备的两倍；另一方面，由于零摩擦，完全没有机械效率的损失，相比传统制冷设备可节约能耗 35%，在长年高速运行中节省了大量能源。机组在运行过程中也十分安静，只产生 72 分贝的噪声，相当于日常交流的说话声，产生的结构振动接近于 0，无需安装减震配件和隔音机房。

磁悬浮离心机技术问世还不到十年，作为目前最先进与节能的空调设备，正在越来越多地运用在大型工程中。

热回收减排 420 吨二氧化碳

> 通过余热回收技术,将生活与机房产生的废热(水与汽)进行回收再利用,既节约又环保,每年可以减排二氧化碳 420 吨,节省费用 50 万元。

建筑体运营中,很多设备会产生"多余的"热量,如洗衣房的蒸汽、厨房的热气、空调风管末端的暖空气……这些热量如果不经处置直接排放,一方面将造成巨大的能源浪费,另一方面会增加环境的废热污染,造成城市的热岛效应。

海天中心在中水回收、洗衣房热排风、东塔楼空调冷却水、酒店厨房冷却水等系统中应用了余热(废热)回收技术。每日通过余热回收提供的生活热水量占所有热水用量的 26.4%,每年可以减排二氧化碳 420 吨、氮氧化物 0.77 吨、二氧化硫 0.14 吨,节省费用 50 万元。

↑
位于裙房屋面的空调冷却塔采用余热回收技术,达到节能与环保的功效。

←
空调热能回收管道。

所谓余热回收,就是将废水、废气中的热能提取出来再排放的技术,可以提高能源利用效率,达到节能减排的目的。在不同的热能生产系统中,采用不同的余热回收技术。例如,中水热回收系统采用了水源热泵技术,将中水中的低位热源(即不能直接利用的热能)转化为高位热源,供生活用水加热所需。酒店的大功率洗衣房在使用过程中会产生大量高温废气,海天中心在洗衣房排风系统中增加了热回收装置,在排气过程中经过热交换机吸收热能,避免了能源浪费。空调制冷机组在工作时,压缩机会排出高温、高压气体,传统的制冷机组会将这些冷凝热量直接排放到周围环境中,而海天中心采用了空调冷却水热回收技术,将高温高压气体送入热回收器,释放出热量,再进入下一步循环,从而达到节约能源与环境保护的双重目的。

隐藏在花园中的 600 立方米雨水调蓄池

> 海天中心的景观设计实践了"海绵城市"的理念，在绿化下隐藏了 2 座 300 立方米的大型雨水调蓄池，承担了滞洪防涝、调蓄雨水、净化回收的职能。

在大城市中，地表的天然土壤被硬质铺面、沥青、混凝土慢慢侵蚀取代，雨水难以渗入地下，而是汇流于地面，通过市政管网排入河海。一旦降雨量超过市政管网的容量，就会在地面形成积水甚至导致内涝。"海绵城市"的概念十分形象地说明了人们希望高密度城市也能具有海绵般的雨水调蓄能力，雨水能够下渗、吸收、储蓄并得到净化，在需要的时候，还能从"海绵"中"挤出"水分，服务城市用水需求。

关于海绵城市概念更为科学的表述是"低影响开发雨水系统构建"，旨在减少土地开发对地面雨水径流量的影响。在建成环境中，通常采用透水铺装、生物滞留池等手段，使人造环境能像原始地貌一样拥有调蓄雨水的能力。雨水径流系数（雨水径流量和降落量的比值）是检验海绵城市成效的关键指标，在接近自然环境的公园绿地，雨水径流系数一般为 0.15~0.20，混凝土地面则会达到 0.95。海天中心年平均雨量综合径流系数为 0.59，在高密度开发环境中是一个理想状态。另一个指标是雨水年径流量控制率，海天中心雨水年径流量控制率为 75%，也就是说全年 75% 的雨水都会通过自然及人工加强干预的蒸发、蒸腾、渗透、集蓄、回收利用等方式得到控制。海天中心的景观设计中的一草一木、一砖一石都为海绵城市做出贡献，可谓"美貌"与"内涵"并存。

→ 24 839 平方米地面开放景观、5 246 平方米屋顶花园和隐藏在地下的 600 立方米雨水蓄池建构了立体海绵景观系统。

海天中心利用 24 839 平方米的地面开放景观、6 246 平方米的屋顶花园和隐藏在地下的 600 立方米雨水蓄水池，共同建构起立体雨水调蓄回收利用系统。降落在地表、建筑外墙与屋面的雨水通过透水铺地、景观林地、林下植被、土壤与过滤层，下渗并汇集至位于地下室的两座 300 立方米容量的雨水调蓄池中，经过机械处理，将其中的泥沙、枯枝败叶、油脂、沉降污染物等逐一过滤，进入地下中水清水池。净化后的雨水可用于冲厕、室外绿化滴灌和道路喷洒。

中水回收再生 8 万立方米水量

> 用于冲厕的水量占到日常生活用水的 35%，海天中心对雨水、生活废水进行回收利用，带来了可观的节水效益。

"中水"又称"再生水"，是经过回收和净化处理的生活废水（洗涤废水）和雨水，通常用在对水质要求不那么高的场合，如便器冲洗、绿化灌溉和道路喷洒等。可不要小看卫生间，据统计，用于便器冲洗的水量足足占到日常生活用水的 35%。如果这一部分水量，能够使用中水代替自来水，节水效益会十分显著。

海天中心每天要消耗大量生活用水，同时产生大量生活废水。其中，酒店和洗衣房是两大"用水巨头"，平均每日排放量分别达到 214 立方米和 96 立方米。这些废水日积月累，数量相当可观。中水回收系统便将酒店和洗衣房产生的生活废水回收利用起来，一年的回收量竟达到 8 万多立方米。

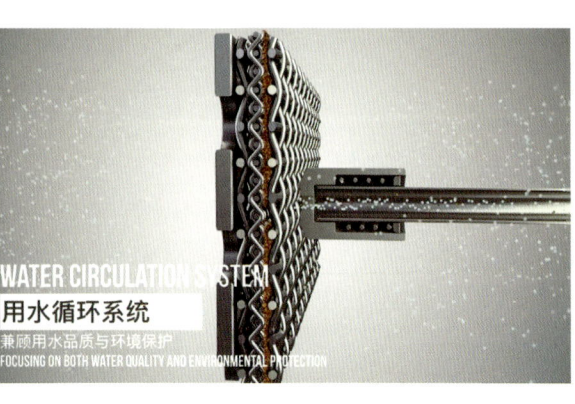

WATER CIRCULATION SYSTEM
用水循环系统
兼顾用水品质与环境保护
FOCUSING ON BOTH WATER QUALITY AND ENVIRONMENTAL PROTECTION

WATER CIRCULATION SYSTEM
用水循环系统
兼顾用水品质与环境保护
FOCUSING ON BOTH WATER QUALITY AND ENVIRONMENTAL PROTECTION

↑
回收来的雨水和生活废水在中水处理装置中进行层层过滤净化。

←
洗衣房每日产生的废水有序地排放至地下室中水处理区。

中水处理工艺分为四道工序，分别处理污水污染物的三种形态——（漂浮）固态、胶体和溶解态。回收来的生活废水和雨水首先会经过格栅过滤，初步去除其中的悬浮固体后进入调节池。调节池作为缓冲池，起到调节水量、水质、水温甚至 pH 值的作用。调节池中的水经过水泵吸入曝气池。所谓"曝气"是一种生物降解方法，是使用鼓风机将水与空气充分混合，借助氧气中的好氧微生物来分解水中的有机物。最后，雨废水经过主要降解池——膜生物反应器（MBR）进一步完成污染物降解和泥水分离的程序。经过三重过滤的雨废水就成了中水，进入中水清水池储存起来等待使用。中水清水池中需要投放适量的消毒剂来控制微生物的繁殖。

这些回收利用的再生水主要用于海天中心超 5A 甲级写字楼、裙房和地下室的卫生间便器冲洗，并根据就近处理、就地使用的原则，用于室外绿化、车库冲洗和室外道路喷洒等。每年至少节约 8 万立方米自来水的用量。

智慧管理 2 317 个停车位

> 海天中心通过智能停车管理系统,高效管理着地下四层空间中隶属于七大业态的 2 317 个停车位,前来旅游、工作或消费的人们都能方便地找到车位。

为了满足城市生活日益增长的停车需求,大型城市综合体需要配置大量停车位。海天中心共设计了 2 317 个车位,根据各大业态的需求,精心部署它们的位置和数量。如此多的车位,该如何实现灵活又有效的管理呢?日常生活中,人们不乏在大型地下停车场迷失方向的体验,来时找不到空余车位,离开时又想不起车停在哪里。海天中心停车场配置了车位引导与反向寻车系统,让停车场不再是一座巨大的迷宫,而是用户手中电子设备上清晰的路线图。当汽车驶入停车场,车牌识别器就会自动识别车辆的信息,在车主的手机 App 或小程序上,

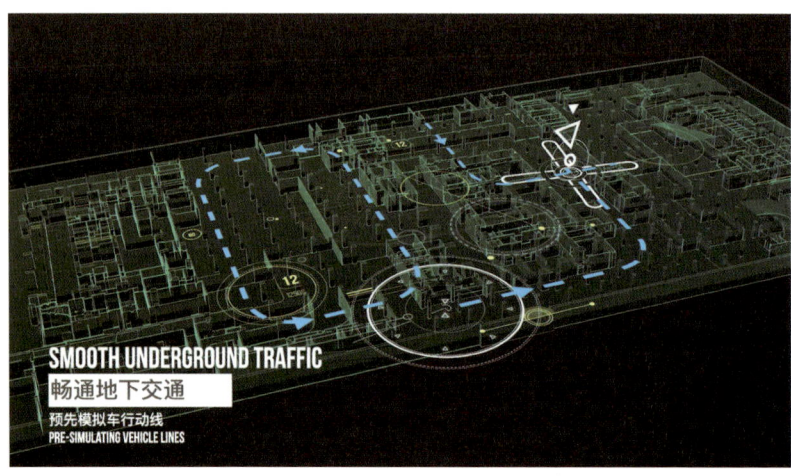

SMOOTH UNDERGROUND TRAFFIC
畅通地下交通
预先模拟车行动线
PRE-SIMULATING VEHICLE LINES

↗
地下停车场通过智慧的管理系统和空间设计，既方便管理又方便访客停车。

←
预先模拟行车路线防止不同业态车流交叉，保证地下交通通畅高效。

迅速生成附近空车位引导图，免去了车主自行寻找车位的烦恼。在车主取车时，输入车牌号后手机端也会立刻显示车辆的停放位置，并提供最快捷的步行路线引导指示。

智慧停车管理系统还能够根据旅游旺季、大型接待活动等需求，灵活地调度停车位的配比。在固定停车位之外，停车场预留了一部分机动停车位，满足酒店、会议等业态在高峰期忽然增大的客流需求。办公区域的停车位则针对上下班高峰期"钟摆效应"设置了潮汐车道，保证通勤时段停车场可以畅通、高效地运行。

7位"蜘蛛侠"维持幕墙清洁

> 海天中心共布置了7台擦窗机,其中中塔楼3台,东西塔楼各2台。擦窗机位于建筑顶部,具有可伸缩的机械吊臂,可旋转、俯仰一定角度,并按轨道路径行走,因而,能够确保搭乘保洁员的吊篮能够到达每一片幕墙,定期清洁与维护。

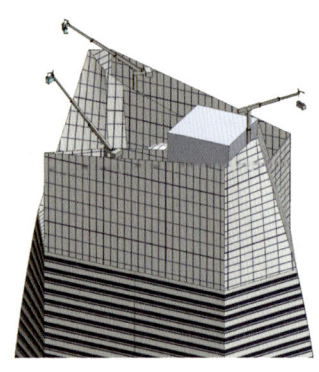 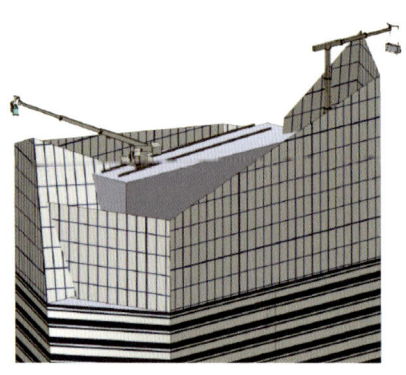

仔细观察身边的高层建筑,往往会发现楼顶伸出一支或几支机械手臂,用钢丝绳悬挂着吊篮,犹如在摩天楼上下行走的"蜘蛛侠",它们就是超高层建筑擦窗机。擦窗机主要由吊臂、吊绳、吊篮、电动爬轨器、与轨道组成,通过合理的轨道与吊臂组合,能保证大楼的每一片幕墙玻璃都得到清洁,同时也保证吊篮内高空作业人员的人身安全。

海天中心塔冠形态独特,且内部空间具有实际使用功能,因而留给擦窗机的空间很小;而旋转的幕墙、倾斜的屋檐,也给擦窗机的运作带来一些困难。专家分别为中塔楼与西塔楼、东塔楼设计了两种不同的擦窗机方案:中塔楼采用3台设备,均为固定底座式;西塔楼与东塔楼各2台设备,其中1台是固定底座式、1台是行走底盘式。固定底座式的擦窗机吊臂可以水平伸缩,而行走和滚动底盘式的擦窗机则可以上下俯仰,灵活起落。通过吊臂的伸缩、旋转与起落,让吊篮

↖
中塔楼采用3台擦窗机设备,均为固定底座式;西塔楼与东塔楼各2台设备,其中1台是固定底座式、1台是行走底盘式。

↘
中塔楼屋顶的造型与功能给安装擦窗机带来难度。

能到达远近高低每一片幕墙。

　　为避免吊篮在使用过程中受风力影响剧烈摇晃甚至侧翻，塔楼幕墙上安装了防风销，当擦窗机吊篮移动到任意一层时都可以通过卡扣与幕墙防风销得到固定。中塔楼吊篮可下降距离超过300米，为避免钢丝绳弹性形变不一致造成吊篮歪斜，采用了最新研发的钢丝绳补偿系统。通过在吊篮加装感应器，实时监测吊篮的水平状态，可以纠正任何一个细小的绳索长度偏差。悬挂吊篮的四根钢丝绳内置带有绝缘层的铜芯，还承担着吊篮与屋顶设备的通信功能，具有极高的安全系数。

　　擦窗机的职能可不止擦窗，当幕墙的玻璃或任何组件需要更换与维修时，也是利用擦窗机来运送物料。通过电子同步装置，让装载物料的吊具与人员吊篮达到完全一致的升降速度，从而保证工作人员的操作便利与人身安全。

晨光的鱼肚白，凸显海天中心玲珑曲线

附录　海天中心工程大事记

2009

2月23日，国信集团完成对海天大酒店的全部股权收购，海天大酒店成为国信集团全资子公司。

9月23日，青岛市政府专题会议研究通过海天大酒店项目开发策略，明确以城市综合体形式"突出商务会议、度假旅游、零售空间、写字楼、酒店式公寓和大型会议功能，进一步提升项目综合功能和形象，打造全国有影响力的酒店，力求建成地标性建筑"。

2010

2月1日，海天大酒店改造项目市场研究及定位报告完成。

2月19日，国信集团审批通过海天大酒店改造项目《概念性方案设计任务书》。

6月9日，国信集团与青岛市国土局签订土地出让合同。

6月11日，海天大酒店改造项目概念性规划专家评审会在海天大酒店举行，对参选的四家设计公司SOM、KPF、上海华东建筑设计院、北京市建筑设计研究院的规划方案进行了评审。

10月27日，海天大酒店改造项目完成《交通组织分析和市政容量分析报告》。

11月23日，海天大酒店改造项目概念性方案经青岛市城市规划委员会议审议通过。

海天大酒店改造项目概念性方案专家评审会

2012

7月13日，海天大酒店改造项目概念方案优化：明确建设满足大型国际会议的大宴会厅。

8月7日，Archilier Inc.（AA）& 中建国际（深圳）设计顾问有限公司（CCDI）设计联合体中标设计总包。

2013

6月10日，凌晨5点16分，原海天大酒店一期、二期主体建筑顺利爆破拆除。

6月13日，青岛市政府召开海天大酒店改造项目专题会议，确定海天大酒店改造项目命名为"海天中心"。

7月19日，青岛市政府召开青岛市城市规划委员会执行和审议委员会2013年第4次会议，原则同意青岛国信集团海天中心项目规划方案。

11月6日，青岛国信海天中心建设有限公司注册成立。

老海天大酒店爆破瞬间

2014

2月18日，青岛市规划局批复海天大酒店改造项目（海天中心）《建设用地规划设计条件通知书》（青规规条字〔2014〕11号）。

11月19日，青岛市规划局批复海天大酒店改造项目（海天中心）《建设用地规划许可证》。

12月2日，青岛市规划局批复海天大酒店改造项目（海天中心）《建设工程规划方案审查意见书》，建筑方案获批通过。

12月26日，青岛市城乡建设委员会批复《海天中心项目建筑工程施工许可证》（地下）。

12月28日，海天大酒店改造项目（海天中心）工程开工。

海天中心项目基坑开工

2015

5月26日，国信海天中心公司与万豪集团（原喜达屋集团）在海天大剧院酒店举行瑞吉酒店入驻海天中心签约仪式，成功引进世界顶级品牌酒店圣·瑞吉。

6月24日，海天中心取得建筑外观建筑设计专利证书。

8月14日，取得《海天大酒店改造项目（海天中心）一期工程超限高层建筑工程抗震设防专项审查意见》，通过超限抗震审查。

瑞吉酒店入驻海天中心签约仪式

2016

3月15日，中国建筑第八工程局有限公司中标海天中心项目施工总承包。

4月6日，上海建科工程咨询有限公司中标海天中心项目工程监理。

6月24日，青岛市城乡建设委员会批复《海天中心项目建筑工程施工许可证》（主体部分）。

8月14日，中塔楼底板混凝土一次浇筑成功，浇筑总量、厚度和速度三项指标均列山东省第一。

9月2日，中塔楼钢结构柱首节吊装完成，正式启动钢结构施工。

12月21日，项目完成地下结构施工，跃出地面进入地上主体施工阶段。

中塔楼大底板浇筑

2017

5月8日，与住建部绿色建筑评价标识管理办公室联合组织召开项目绿色建筑三星设计标识认证专家研讨会，为项目申请绿建三星认证提供了专业技术支持。

7月14日，电梯工程采购及安装单位确定。

9月18日，幕墙工程设计及施工单位确定。

中塔楼钢结构柱首节吊装完成

2018

5月6日，海天中心主体结构施工突破200米。

9月30日，海天中心西塔楼和东塔楼主体结构施工完成。

12月18日，取得住房和城乡建设部颁发的三星级绿色建筑设计标识证书，成为中国首个新国标"绿色超高层建筑三星级认证"的项目。

2019

1月16日，大宴会厅屋面钢桁架一次性整体提升取得圆满成功。整体提升的大跨度钢桁架，南北横跨58.8米，重约1 100吨，国内罕见，是山东省目前最大钢结构体量建筑。

4月11日，进入精装修施工阶段。

4月15日，主体结构施工突破300米。

11月7日，东塔楼245米塔冠幕墙安装完成，成为海天中心项目三座塔楼中最先完成建筑最高点施工的塔楼。

11月30日，中塔楼357.7米主体结构成功封顶。

中塔楼外框主体结构圆满封顶

2020

4月30日，中塔楼完成塔冠钢结构最后一根横梁吊装焊接，成功实现封顶，369米的高度刷新了青岛城市空间新高度。

6月20日，海天中心全球发布会成功举办，海天中心惊艳亮相世界舞台。山东省商务厅和青岛市商务局分别授予海天中心"跨国公司（山东）区域总部基地""总部招商基地"，世界高层建筑与都市人居学会（CTBUH）授牌海天中心为"中国山东省最高建筑"。

10月9日，海天中心住宅产品正式销售。

11月28日，海天中心369米主塔楼塔冠最后一樘单元幕墙安装完成，且幕墙工作完美收官。

12月21日，西塔楼通过消防验收。

369米主塔楼塔冠最后一樘单元幕墙安装完成

2021

3月31日，海天MALL媒体发布会圆满举行，茑屋书店（TSUTAYA BOOKSTORE）山东首家门店落户海天MALL。

4月19日，中塔楼通过消防验收。

6月20日，海天中心落成启用。

茑屋书店山东首家门店落户海天MALL

附录二　参建企业名录

设计顾问

AA（Archilier Architecture）建筑师事务所
悉地国际设计顾问（深圳）有限公司
LTW Designworks Pte. Ltd.
Cheng Chung Design (HK) Ltd.
Kelly Hoppen MBE
邱德光设计事务所
RWD 黄志达设计师有限公司
卡纳设计
岳珈建筑室内设计（上海）有限公司
青岛梁智朋室内设计有限公司
伍兹贝格建筑设计咨询事务所
Carlisle Design Studio
巴马丹拿集团
SWA Group
Brandston Partnership Inc.
WET
LASVIT
潜研艺术品顾问有限公司
D'art The Specialist Art Company Limited
苏州建筑装饰设计研究院有限公司
青岛城市建筑设计院
青岛市勘察测绘研究院
Selbert Perkins Design
上海康业建筑装饰工程有限公司
上海天厨厨房设计有限公司
上海点构艺术设计有限公司
山东省建筑设计研究院有限公司
青岛境语景观规划设计有限公司
青岛新理念设计咨询有限公司
青岛市公用建筑设计研究院有限公司
青岛市城市规划设计研究院

技术顾问

上海建科工程咨询有限公司
上海中心大厦建设发展有限公司
森大厦株式会社
Starwood Asia Pacific Hotel & Resorts Pte. ltd.
Arcadis
Thornton Tomasetti,Inc.
MFT
RWDI
Lerch Bates
WSP
Bureau Veritas
德勤设计有限公司
中国科学院声学研究所北海研究站
弘达交通咨询（深圳）有限公司北京分公司
四川法斯特消防安全性能评估有限公司
国家消防工程技术研究中心
上海市建筑科学研究院
罗尔夫杰森消防技术咨询（上海）有限公司
住房和城乡建设部科技发展促进中心
青岛习远咨询有限公司
青岛市工程咨询院
青岛市人防建筑设计研究院
山东科技大学
青岛理工大学环境评价中心
北京震泰工程技术有限公司
青岛市工程建设监理有限责任公司
青岛市气象防雷中心
青岛市建筑节能协会
星木酒店管理咨询（上海）有限公司
青岛市工程地震研究所
山东牧马人测绘技术有限公司
山东广源岩土工程有限公司
青岛市勘察设计协会
青岛牧野勘察测绘设计院有限公司
青岛正禹勘察测绘有限公司

青岛市建筑工程质量检测中心有限公司
山东设协勘察设计审查咨询中心
青岛人防工程设计文件审查咨询有限公司

山东益通安装有限公司
青岛耘坤土石方工程有限公司
青岛辉鸿建筑劳务有限公司
北京久安建设投资集团有限公司

土建精装

中建八局发展建设有限公司
中建安装集团有限公司
中建深圳装饰有限公司（幕墙）
中建深圳装饰有限公司（精装）
中建八局钢结构工程公司
北京江河幕墙股份有限公司
苏州金螳螂建筑装饰股份有限公司
东亚装饰股份有限公司
德才装饰股份有限公司
青建集团股份公司
深圳市金凤凰家具集团有限公司
福建高能建设工程有限公司
中建科工集团有限公司
上海同及宝建设机器人有限公司
青岛欧筑建设工程有限公司
青岛海山峰机械设备安装有限公司
青岛盛安起重机械拆装有限公司
安徽阜阳金京建筑劳务有限公司
青岛德固建筑工程配套有限公司
青岛静力工程股份有限公司
青岛华科节能工程有限公司
天津鼎维固模架工程股份有限公司
江苏揽月模板工程有限公司
青岛中建众鑫设备租赁有限公司
青岛市益水工程股份有限公司
青岛润水管道工程有限公司
北京久安建设投资集团有限公司
华电青岛热力有限公司
泰能天然气有限公司
青岛市市南区城市绿化工程总公司
青岛市市政工程集团有限公司

智能机电

同方股份有限公司
中建电子信息技术有限公司
日立电梯（中国）有限公司
奥的斯电梯（中国）有限公司
Alimak Group
上海建坤信息技术有限责任公司
博锐尚格科技股份有限公司
青岛云柱电气
青岛嘉诚电工
中国铁塔股份有限公司青岛市分公司
山东智汇云建筑信息科技有限公司
青岛海洋电子工程有限公司
北京站酷网络科技有限公司
苏州美房云客软件科技股份有限公司

酒店、物业、资产管理

富尚（上海）资产管理有限公司
万豪国际集团
青岛国信商业资产管理有限公司
青岛国信上实城市物业发展有限公司
兴业银行股份有限公司青岛分行
中国银河证券股份有限公司
海通证券股份有限公司
山东世元工程管理有限公司
北京仲量联行物业管理服务有限公司
北京戴德梁行物业管理有限公司
青岛思源兴业房地产经济有限公司
北京世邦魏理仕物业顾问有限公司
第一太平戴维斯物业顾问（北京）有限公司天津分公司

青岛荣置地顾问有限公司

中信银行股份有限公司青岛麦岛支行

联合赤道环境评价有限公司

青岛国信金融控股有限公司

青岛国信融资担保有限公司

青岛城乡社区建设融资担保有限公司

青岛金载丰科技有限公司

青岛华商汇通融资担保有限公司

青岛中信泰丰非融资性担保有限公司

青岛中投阳光非融资性担保有限公司

信永中和会计师事务所（特殊普通合伙）

北京酷爱智慧知识产权代理有限公司

青岛明源同创软件有限公司

青岛海坤商标事务所有限公司

德勤华永会计师事务所（特殊变通合伙）北京分所

青岛德盛资产评估有限责任公司

青岛衡元德房地产评估有限公司

青岛衡信土地房地产评估咨询有限公司

青岛德盛资产评估有限责任公司

山东东诚资产评估有限公司

山东众诚清泰（青岛）律师事务所

山东德衡律师事务所

文化传媒

青岛国信传媒股份有限公司

青岛国信会展酒店发展有限公司

北京东方博文广告有限公司

港基创意模型设计（深圳）有限公司

山东世元工程管理有限公司

山东大信工程造价咨询有限公司

青岛世纪东风企业管理咨询有限公司

青岛佳易工程管理有限公司

山东万信项目管理有限公司

山东东成建设咨询有限公司

青岛能源设计研究院有限公司

青岛广电佳和传媒有限公司

上海点构艺术设计有限公司

青岛市城市建设档案馆

同济大学出版社

机电设备

裕富宝厨具设备（深圳）有限公司

南京广龙厨具工程有限公司

珠海市雅致厨房设备有限公司

青岛明源智能商业有限公司

济南神威润德软件科技有限公司

山东海得朗润信息技术有限公司

BAC 大连有限公司

BAC 巴尔的摩冷却系统（苏州）有限公司

约克（无锡）空调冷冻设备有限公司

约克广州空调冷冻设备有限公司

青岛法罗力暖通温控技术设备制造有限公司

格兰富水泵（上海）有限公司

北京江森自控有限公司

青岛中得科技实业发展有限公司

沈阳沃尔斯机电设备有限公司

丹淳（上海）空调设备有限公司

北京德天节能设备有限公司

天津科禄格通风设备有限公司

绍兴上虞通风机有限公司

爱优特空气技术（上海）有限公司

爱迪士（上海）室内空气技术有限公司

青岛海尔空调电子有限公司

厦门 ABB 开关有限公司

上海通用电气广电有限公司

常州雅柯斯电力科技（中国）有限公司

施耐德电气（中国）有限公司

深圳星标科技股份有限公司

青岛三利中德美水设备有限公司

西门子（中国）有限公司

山东中建物资设备有限公司

青岛中惠机具租赁有限公司

管材设备

高碑店市联通铸造有限公司

江苏金羊管业有限公司

天津友发钢管有限公司

亚罗斯建材（江苏）有限公司

北京禹辉净化技术有限公司

北京麒麟水箱有限公司

装修材料

北京星瀚伟业装饰工程有限公司

北京九洋建设工程有限公司

青岛金美建工程有限公司

济南鼎邦保温工程有限公司

南通中盟装饰工程有限公司

安徽阜阳金京建筑劳务有限公司

上海淳安消防技术有限公司

南京企为建筑装饰工程有限公司

中建八局装饰工程有限公司

青岛中大易佳建设安装有限公司

泰兴市中辰企业管理有限公司

青岛弘通建设劳务有限公司

青岛康翰源劳务有限公司

北京建德伟业防水防腐工程有限公司

广东中泰家具实业有限公司

上海太亿企业股份有限公司

福建森源家具有限公司

上海银汀创新不锈钢发展有限公司

北京市京南方装饰工程有限公司

青岛筑安装饰工程有限公司

泰州恒福建设有限公司上海分公司

山东建贸森工装饰工程有限公司

威海海马地毯集团有限公司

上海创安特种门业有限公司天津分公司

北京柏瑞特建筑新材料科技有限公司

青岛久恒恩建筑科技有限公司

北京北方华兴建材有限公司

北京顺达旺业商贸有限公司

青岛特固德新型建材科技有限公司

上海希盈实业有限公司

青岛大禹青展商贸有限公司

山东诺冠建材有限公司

万隆石业（福建）有限公司

福建省东升石业股份有限公司

北京仐宇泰格电气有限公司

北京跃宗旺达商贸有限公司

江苏中超控股股份有限公司

青岛倍耐建材有限公司

广州金霸建材股份有限公司

东莞市泰丰木制品有限公司

深圳市凯居布艺有限公司

青岛海福斯兰国际商贸有限公司

上海丰丽集团有限公司

天津耀皮工程玻璃有限公司

莱州市华隆石材有限公司

山东华建铝业集团有限公司

连通内城与海,衔接历史与未来,海天中心续写城市新篇章

海天中心引领青岛建设社会主义现代化国际大都市

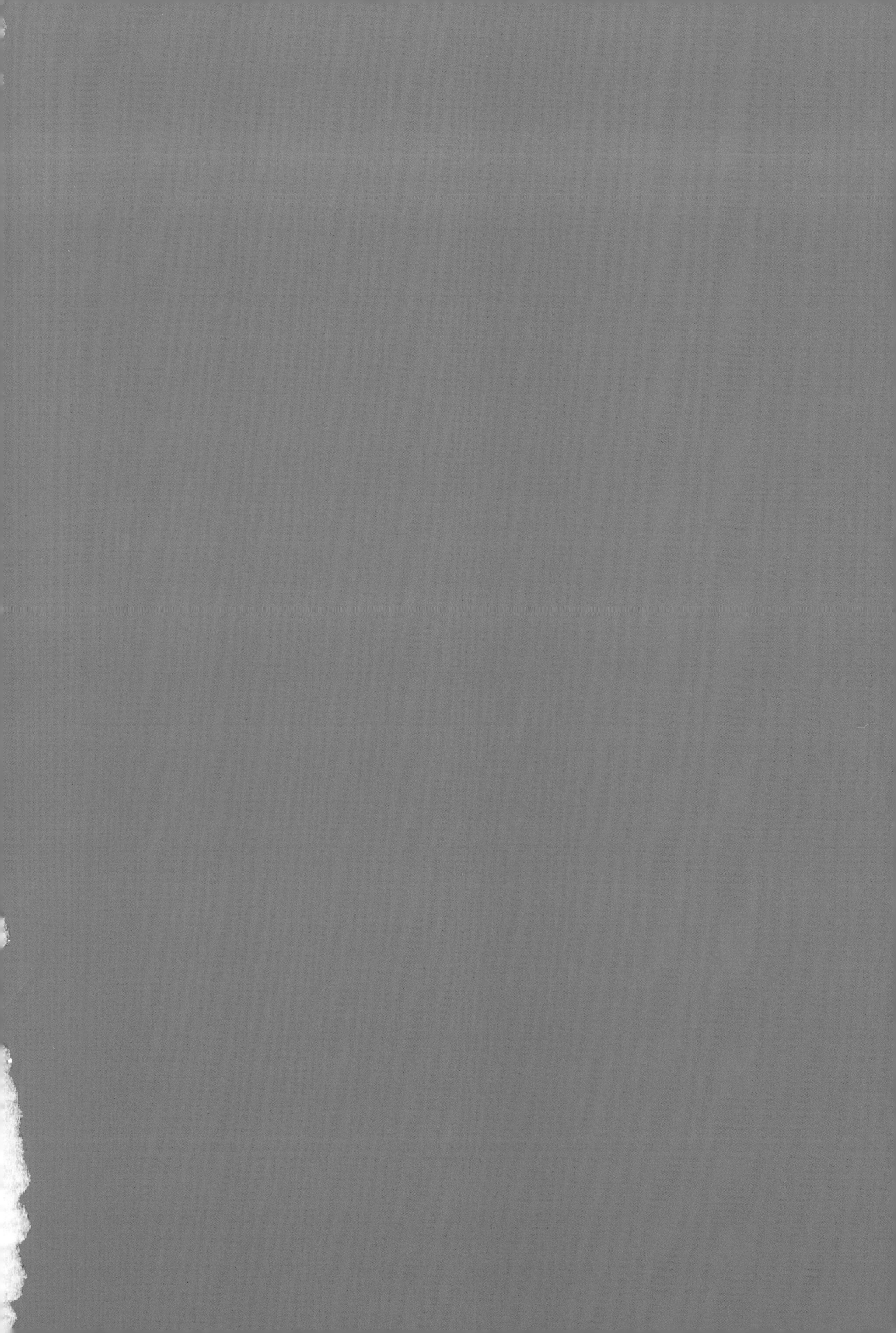